Christa Troll / Evi Günther

Offener Unterricht im Fach Hauswirtschaft

Kopiervorlagen für Spiele und Lernzirkel

Auer Verlag GmbH

Gedruckt auf umweltbewusst gefertigtem,
chlorfrei gebleichtem und alterungsbeständigem Papier.

4. Auflage 2009
Nach den seit 2006 amtlich gültigen Regelungen der Rechtschreibung

Illustrationen: Corina Beurenmeister
Umschlagfoto: panthermedia
Satz: Ludwig Auer GmbH, Donauwörth
Druck und Bindung: Köppl und Schönfelder OHG, Stadtbergen
ISBN 978-3-403-0**3063**-8

www.auer-verlag.de

Inhalt

1.	**Vorüberlegungen**	4
1.1	Offener Unterricht – eine Herausforderung für Lehrer und Schüler	4
1.2	Gesamtrahmen des Fachunterrichts	5
1.3	Vorbereitung der offenen Unterrichtsphasen	5
1.4	Beispiele für offenen Unterricht	6
1.5	Praktische Tipps zur Erstellung von Unterrichtsmaterial	6
1.6	Probleme offener Unterrichtsformen im Fachunterricht	6
2.	**Spielmaterialien für den hauswirtschaftlich-sozialen Bereich**	7
2.1	Spielregeln	7
2.2	Memory „Arbeitsgeräte und Geschirr“	9
2.3	Memory „Küchenlatein“	16
2.4	Quartett „Getreide“	22
2.5	Quartett „Fett“	26
2.6	Karten für die Fragetasche	30
2.7	Klammerkarten	34
2.8	Infospiele	40
2.8.1	Spielanleitung	40
2.8.2	Spielfeld	41
2.8.3	Fragekarten für den Bereich „Arbeitsplatz“	42
2.8.4	Fragekarten für den Bereich „Fett“	44
2.9	Das Fett-Tropfen-Spiel	46
3.	**Lernzirkel**	48
3.1	Hinweise für den Einsatz von Lernzirkeln	48
3.2	Lernzirkel „Fett“	49
3.2.1	Aufgaben	49
3.2.2	Arbeitsblatt	52
3.3	Lernzirkel „Getreide“	53
3.3.1	Aufgaben	53
3.3.2	Arbeitsblatt	56
3.4	Lernzirkel „Markt“	57
3.4.1	Aufgaben	57
3.5	Lernzirkel „Fisch“	62
3.5.1	Aufgaben	62
3.5.2	Arbeitsblatt	67
4.	**Blankovorlagen**	68
5.	**Schlussgedanke**	72
6.	**Literaturverzeichnis**	72

1. Vorüberlegungen

1.1 Offener Unterricht – eine Herausforderung für Lehrer und Schüler

„R. und A. Tausch ... schätzen aufgrund empirischer Befunde ..., dass im Frontalunterricht 60% aller Wörter vom Lehrer gesprochen werden, d. h. dass der Lehrer etwa 50-mal soviel redet, wie dies dem einzelnen Schüler möglich ist, jedem Schüler also nur 1–2% des gesamten Sprachausmaßes bleiben und dass im Schnitt jeder Schüler alle drei Tage eine Frage an den Lehrer zu richten vermag, dieser aber in dem gleichen Zeitraum die Klasse, d. h. jedes Klassenmitglied, mit ca. 800 Fragen konfrontiert.“ (Terhart 1997, S. 98)

Das Buch soll Ihnen helfen, dieses Ungleichgewicht beiderseitig positiv zu ändern. Freiarbeit, offener Unterricht, Wochenplanarbeit und Projekte sind Forderungen, denen die Lehrerin und der Lehrer heute nicht mehr ausweichen können. Wissen wird immer kurzlebiger. Wenn die Jugendlichen die Schule verlassen, ist ihr Wissen bereits veraltet. Um sie fähig zu machen, die verschiedenen Informationsbeschaffungsmöglichkeiten der heutigen Zeit nutzen zu können, ist es unabdingbar, selbstständige Wege dazu aufzuzeigen. Durch die Bewusstmachung der Vergänglichkeit des Wissens wird den Schülern vor Augen gehalten, dass das Lernen nach der Schule nicht endet.

Der Weg dahin führt nur über aktiven, offenen Unterricht. Die Lehrerdominanz muss verringert werden, damit die Eigeninitiative und die Selbsteinschätzung gefördert werden können.

Darüber hinaus kann in einem „offenen Unterricht“, wo Schüler Lernziele, Lerninhalt, Methoden und Sozialformen selbst wählen bzw. bestimmen können, wertvolle Schlüsselqualifikationen und Sachkompetenz eingeschult werden.

Offener Unterricht macht viele unterschiedliche Lernangebote. Durch die dadurch ermöglichte Differenzierung wird die Individualität des Schülers berücksichtigt und Unter- oder Überforderung können vermieden werden. Dadurch tritt eine Verstärkung des Selbstvertrauens ein und die Lernfreude wird geweckt.

Gerade in der Hauptschule ist die Motivation der Schüler schwer erreichbar. Durch den vermehrten Einsatz von verschiedenen Sozialformen verringern sich mögliche Reibungspunkte zwischen Schülern und Lehrern. In der Gruppe lernen die Schüler, sich mit Konflikten auseinander zu setzen. Eine soziale Sensibilisierung wird angebahnt und Teamfähigkeit erlernt und trainiert. Auch in schwierigen Klassen erreicht man mit einer Öffnung des Unterrichts überraschend positive Resultate.

Wenn im Folgenden von „dem Lehrer“ oder „der Lehrerin“ gesprochen wird, so sind selbstverständlich Sie, liebe Kollegin, und Sie, lieber Kollege, mit gemeint. Auch steht „der Schüler“ für Schülerinnen und Schüler.

1.2 Gesamtrahmen des Fachunterrichts

1. **Lehrergeführter Unterricht**	2. **Lernstationen/ Lernzirkel**	3. **Wochen-/Monatsplan** z. B. Projekt	4. **Materialgeleitetes (freies) Arbeiten**
– Lehrer plant, organisiert, steuert und kontrolliert.	– Lehrer bietet Unterrichtsinhalt des Lehrplans in kleinen Schritten zum selbstständigen Erarbeiten an.	– Lehrer gibt Aufgaben (verbindliche Aufgaben, Aufgaben zur Wahl und freiwillige Aufgaben) und Zeitrahmen vor.	– Schüler arbeiten in der Freiarbeitsecke, z. B. Karteikästen, Lern- und Übungsspiele. – Lehrer gibt den Zeitrahmen vor.
– Phasen der Differenzierung, vorgegebene Sozialformen – Einzel-, Partner- und Gruppenarbeit	– Schüler arbeiten an didaktisch aufbereiteten Stationen (Pflicht- und Wahlstationen); – freie Wahl der Stationen und der Sozialform.	– Schüler kann die Reihenfolge, den Umfang, das Lerntempo, die Sozialform selbst bestimmen. – Lehrer kontrolliert.	– Schüler hat freie Entscheidung über: ● Lerntempo ● Sozialform ● Arbeitsplatz ● Entgegennahme von Hilfe ● Präsentation der Arbeitsergebnisse ● Kontrolle.

(in Anlehnung an Drescher, Heidrun: Offene Lernformen im Hauswirtschaftsunterricht. Manuskript: Dillingen 1991)

1.3 Vorbereitung der offenen Unterrichtsphasen

Die individuelle Freiheit ist begrenzt durch den „Respekt für die Arbeit und Rücksichtnahme auf die Rechte anderer". (Maria Montessori)

Äußere Bedingungen schaffen:	**Arbeitstechniken** einüben:	**Arbeitsregeln** einüben:
– übersichtliche Anordnung der Materialien – Vorbereitung des Arbeitsplatzes – genügend vorhandener Raum	– verschiedene Sozialformen – Spielformen, z. B. Quartett – Präsentation von Lernergebnissen – Informationen aus Büchern und Nachschlagewerken gewinnen – eine begonnene Arbeit vollenden – Ergebnisse selbst kontrollieren – Informationen im Internet gewinnen	– Gesprächsregeln aufstellen, z. B. Lautstärke – Ordnungsregeln aufstellen, z. B.: Der Schüler, der ein Arbeitsmaterial entnimmt, bringt es auch wieder zurück! – warten können ohne zu stören

1.4 Beispiele für offenen Unterricht

- Quartett
- Domino
- Memory
- Legespiele
- fächerübergreifende Unterrichtsphasen
- Karteikästen mit Klammerkarten
- Fragetaschen
- Lernzirkel
- Projektarbeit

1.5 Freiarbeit Spiel – Bedeutung des Spiels beim Lernen

„Wer in der Schule nicht spielen lernt, lernt nicht lernen." (Menzel)

In der Freiarbeit kann spielend gelernt und lernend gespielt werden. Aufgrund der hohen Motivation werden von den Schülern vor allem Spiele in der Freiarbeit bevorzugt ausgewählt.

Ein wertvoller Nebeneffekt des Spiels ist die Förderung der Sozialkompetenz, wenn Spiele mit mehreren Mitspielern gespielt werden. Die Schüler können Kontakte zu anderen Schülern knüpfen und das Verlieren/Gewinnen oder die Einhaltung von vorgegebenen oder eventuell auch selbst erfundenen Regeln einüben. Ebenso wird die Verantwortungsübernahme für das Spiel bzw. für das Material gefördert.

Auch der Aufbau von Selbstkompetenz, z. B. für die Übernahme der Verantwortung der Selbstkontrolle, kann beim Spiel gefördert werden. Mittels des Spiels kann der Schüler Sachkompetenz aufbauen, indem er sich neue Inhalte (z. B. Spiel mit Fragekarten) erwirbt oder ihm schon bekanntes Wissen vertieft.

1.6 Praktische Tipps zur Erstellung von Unterrichtsmaterial

Sie können die Kopiervorlage auf Kopierpapier, Fotokarton oder Tonpapier in verschiedenen Farben und Stärken kopieren. Empfehlenswert wäre ein Laminieren der Medien. Viele Schulen verfügen über einen Laminator zum Einschweißen von stark beanspruchten Papieren.

Sinnvoll ist es z. B. bei einem Quartett die ganze DIN-A4-Seite zu laminieren, bevor man das Blatt mit der Papierschneidemaschine in Spielkarten aufteilt.

Bei zusammengeklebten Papieren, z. B. Fragekarten mit Vorder- und Rückseite, sollte man dagegen zuerst kleben, dann in einzelne Teile schneiden und anschließend die Karten mit Abstand in die Laminatfolie einlegen und laminieren. Nur auf diese Weise erhält die Karte an allen vier Seiten eine zusammengeschweißte Kante.

Bei Spielen wie Quartett, Domino oder Memory ist es ratsam, sie in vierfacher Ausfertigung herzustellen, um sie z. B. als Gesamtzusammenfassung einsetzen zu können.

1.7 Probleme offener Unterrichtsformen im Fachunterricht

- Platzmangel
  - mehrere Kollegen in einer Schulküche
  - beengte Raumverhältnisse
- Zeitmangel
  - zeitaufwendige Unterrichtsvorbereitung
  - Aufbau eines Lernzirkels vor dem Unterricht oft nicht möglich
  - Vor allem im zweistündigen Hauswirtschaftsunterricht ist die fehlende Zeit das größte Problem!
- Organisations- und Transportprobleme durch den Einsatz einer Fachlehrerin an mehreren Schulen
- Vielzahl von Klassen, einwöchiger Unterricht und dadurch geringere erziehliche Einflussnahme
- schwierige Schüler
- problematische Zeit der Pubertät in der 7. und 8. Jahrgangsstufe
- schwierige Gruppenzusammensetzungen, z. B. zusammengelegte Parallelklassen, Gruppen nach Geschlecht getrennt
- Auffangfach für schwache und disziplinschwierige Schüler, Schüler mit Sprachproblemen
- unterschiedliche Unterrichtsstile von Klass- und Fachlehrern
- fehlende Einübung von Arbeitstechniken durch Klasslehrer

Lassen Sie sich von diesen Problemen nicht entmutigen! Wagen Sie eine Öffnung des Unterrichts! Ihren Schülern und Ihnen selbst wird der Unterrichtsalltag wieder viel mehr Spaß machen.

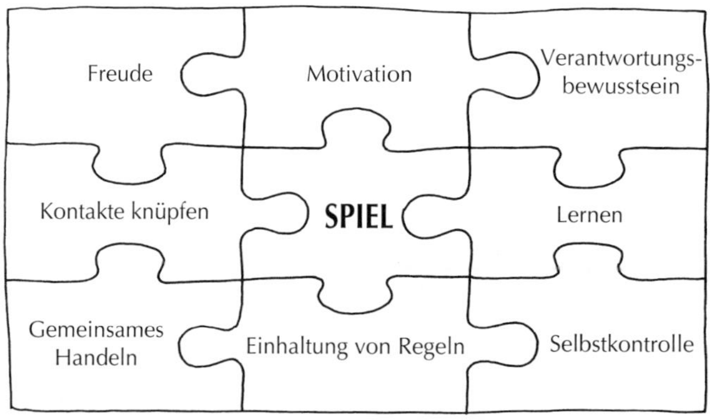

2. Spielmaterialien für den hauswirtschaftlich-sozialen Bereich

2.1 Spielregeln

Meist bedarf es im Unterricht keiner großen Einführung der Spiele, da den Schülern die Regeln bekannt sind. Falls Sie selbst nicht zu solchen Spielernaturen gehören, hier eine kurze Erläuterung der Spielweisen.

Quartett

Alle Karten auf drei bis sechs Spieler verteilen. Ziel des Spieles ist es, vier zusammengehörende Karten eines Quartetts zu besitzen (siehe Abbildung). Hat ein Spieler ein vollständiges Quartett, so legt er es offen auf den Tisch. Sieger ist der Spieler mit den meisten Quartetten.

Brotsorten

- **Knäckebrot**
- Vollkornbrot
- Toastbrot
- Pumpernickel

Brotsorten

- Knäckebrot
- **Vollkornbrot**
- Toastbrot
- Pumpernickel

Brotsorten

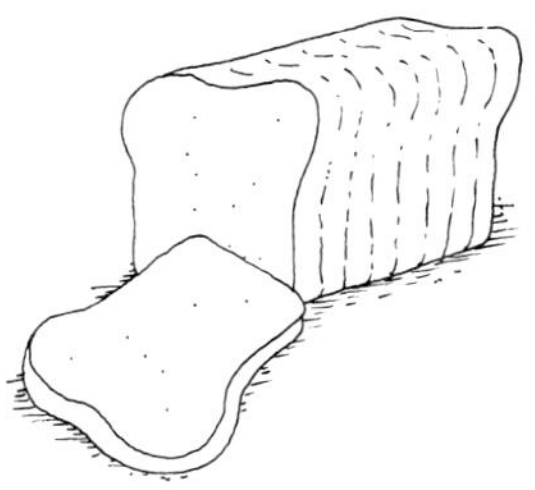

- Knäckebrot
- Vollkornbrot
- **Toastbrot**
- Pumpernickel

Brotsorten

- Knäckebrot
- Vollkornbrot
- Toastbrot
- **Pumpernickel**

1. Spielvariante: Jeder Spieler hält seine Karten verdeckt in der Hand. Im Uhrzeigersinn reichen alle gleichzeitig eine für sie unbrauchbare Karte an den Nebenspieler weiter.

2. Spielvariante: Ein Spieler fragt einen beliebigen Mitspieler nach einer Karte, die ihm zu einem Quartett fehlt. Besitzt der gefragte Mitspieler diese Karte, muss er sie abgeben. Der erste Spieler darf so lange verschiedene Mitspieler weiterfragen, bis er ein „Nein" erhält. Danach erhält der zuletzt gefragte Mitspieler das Fragerecht.

Memory

Alle Karten werden verdeckt auf den Tisch gelegt. Jeder Spieler darf nacheinander zwei Spielkarten aufdecken. Immer eine Wort- und eine Bildkarte ergeben ein Paar.

Nicht zueinanderpassende Karten werden wieder verdeckt zurückgelegt. Die Spieler müssen sich die Platzierung der Karten merken. Gewinner ist der Spieler mit den meisten Paaren.

Eine zeitsparende Alternative ist das einfache Zuordnen der Wortkarten zu den Bildkarten.

**Braten-
wender**

**Spätzle-
hobel**

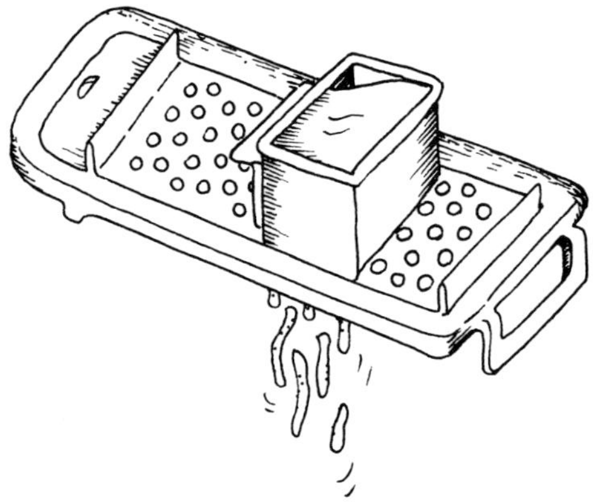

Braten-wender	**Kartoffel-presse**	**Spätzle-hobel**
	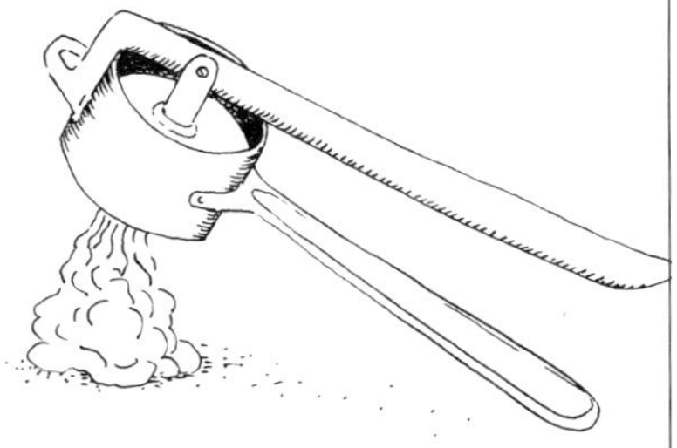	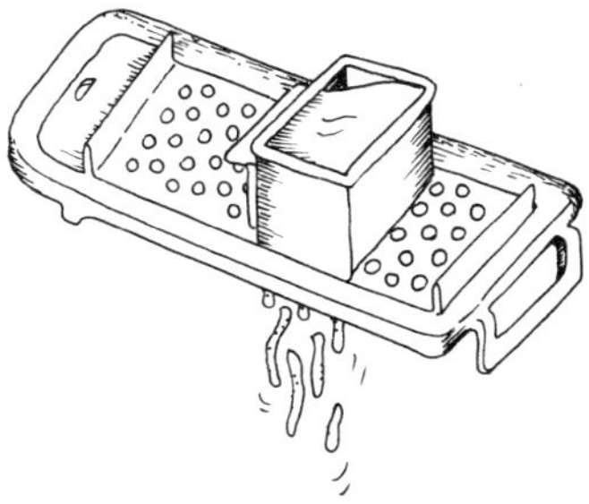
Koch-löffel	**Schaum-löffel**	**Zitronen-presse**
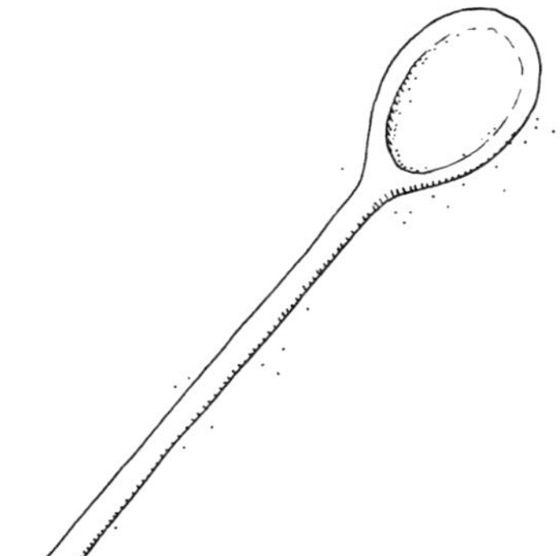	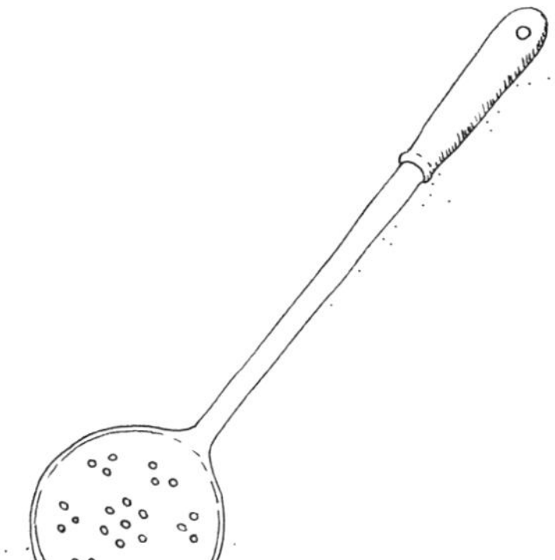	

Milch-topf	**Teig-karte**	**Kasten-form**
		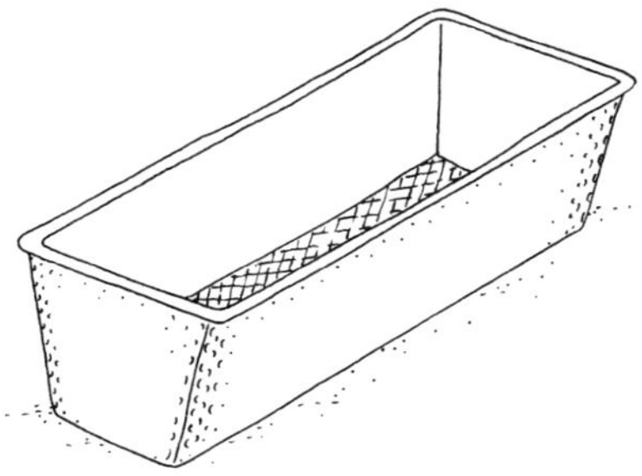
Sieb	**Obst-kuchen-form**	**Spring-form**
		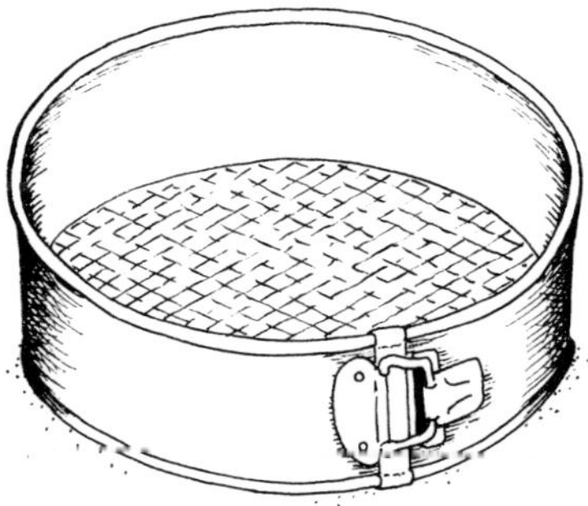

Durch-schlag-seiher	Schlag-becher	Rühr-schüssel
	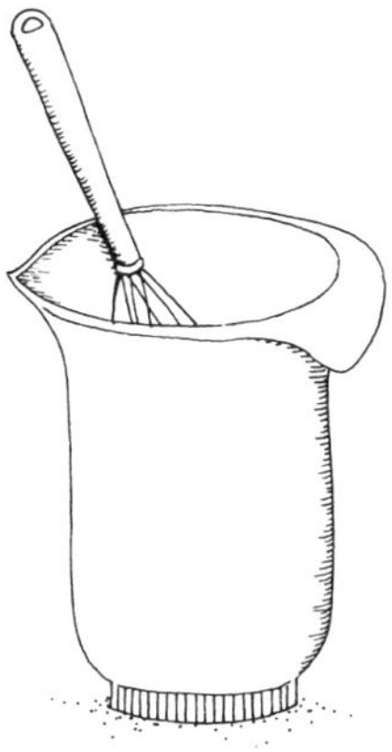	
Säge-messer	Palette	Waage
	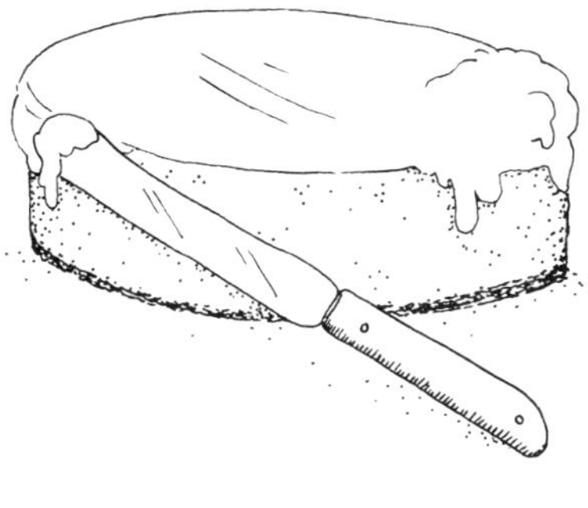	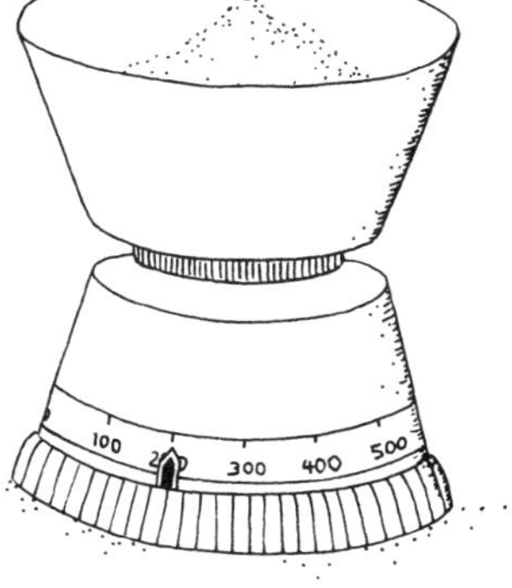

Eiteiler	**Kartoffel- gabel**	**Gemüse- schäler**
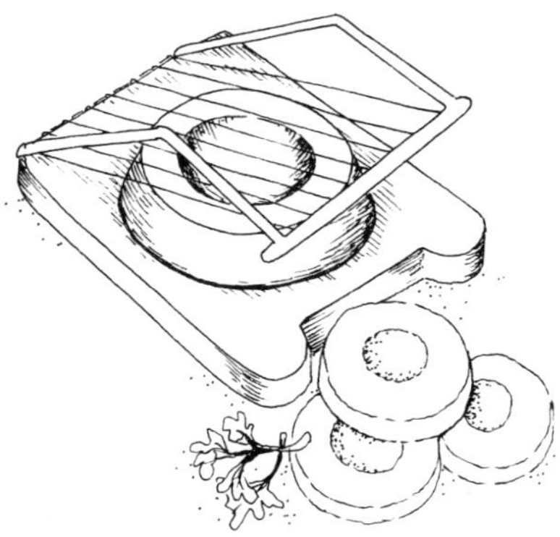		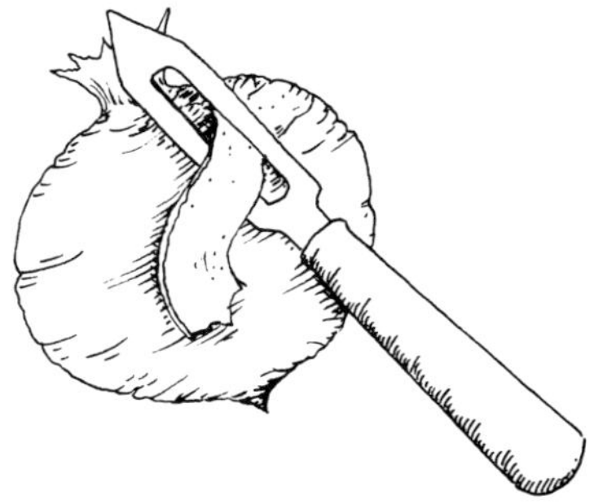
Dosen- öffner	**Küchen- schere**	**Teig- rädchen**
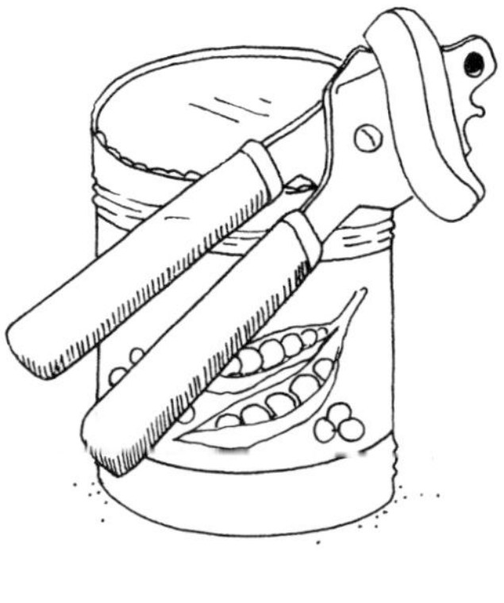	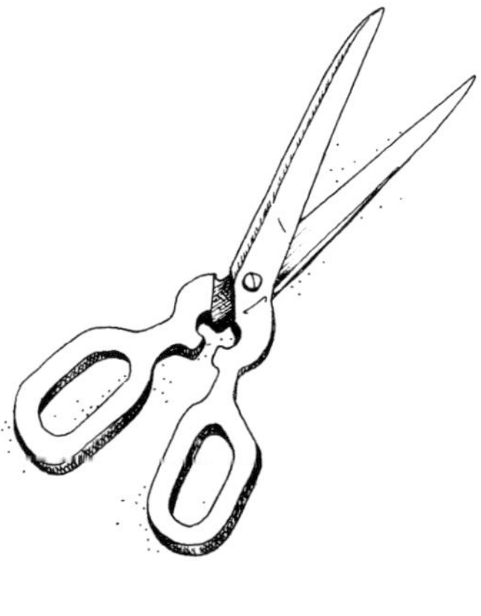	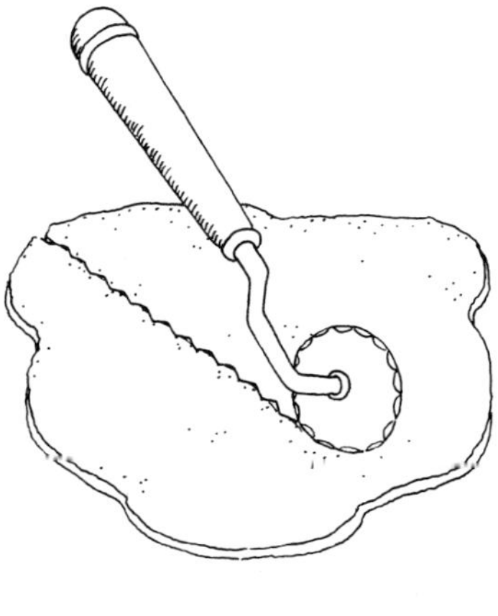

Spritz-beutel mit Vorsätzen	**Wiege-messer**	**Fleisch-gabel**
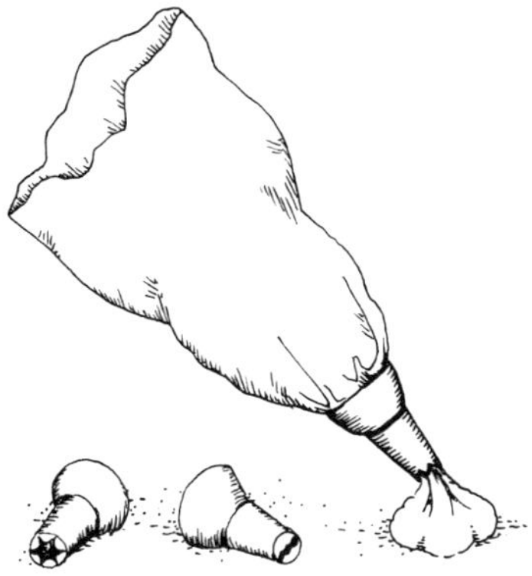	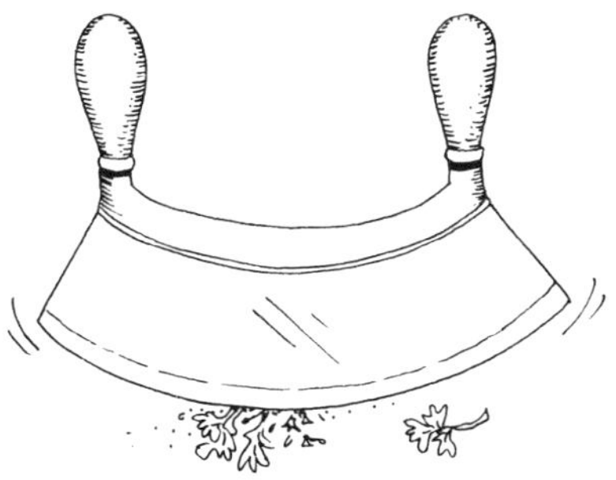	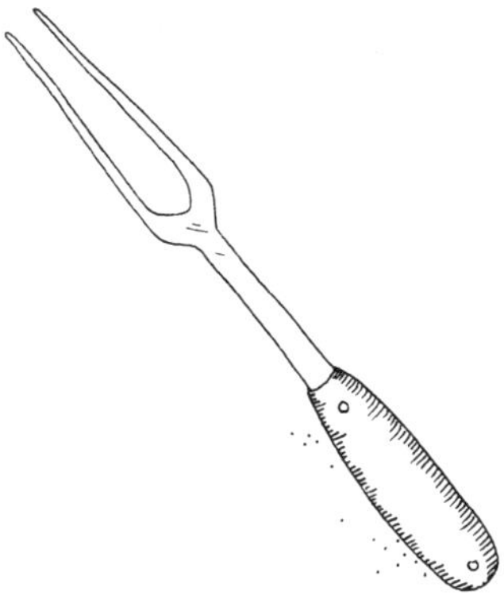
Kern-hausaus-stecher	**Schöpf-löffel**	**Fleisch-messer**
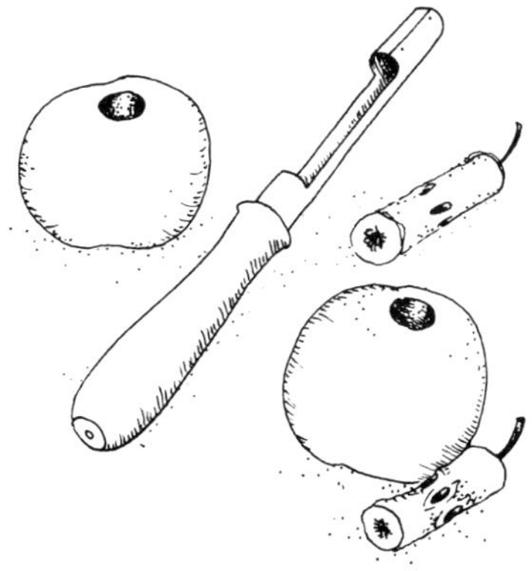	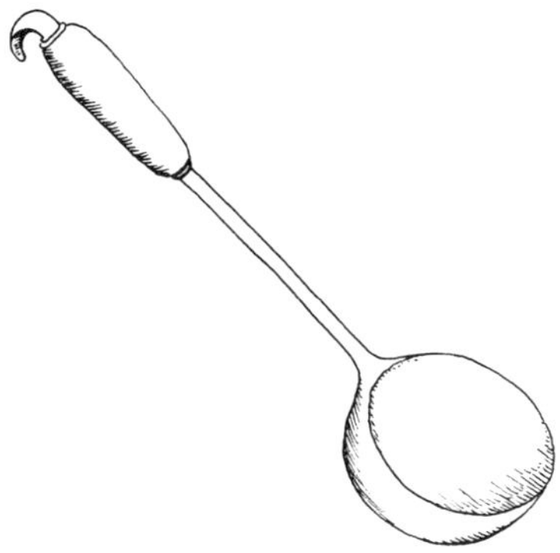	

Mess-becher

Hand-rührgerät

Knob-lauch-presse

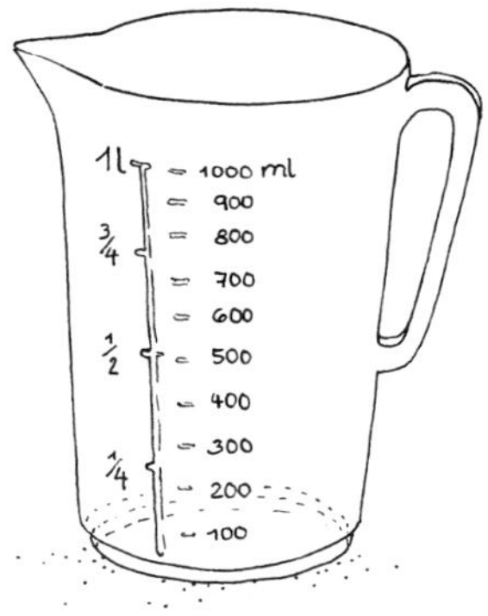

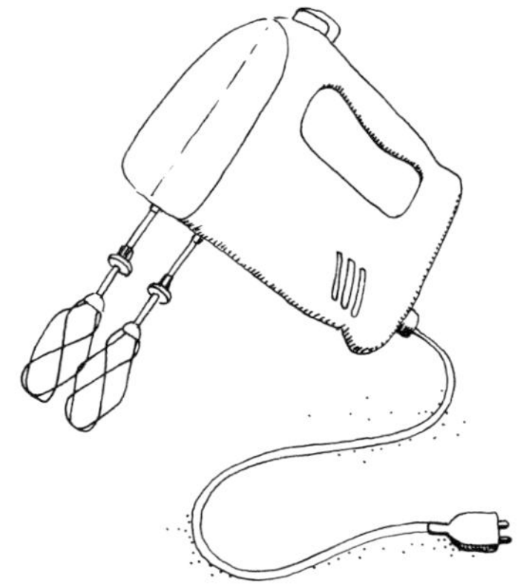

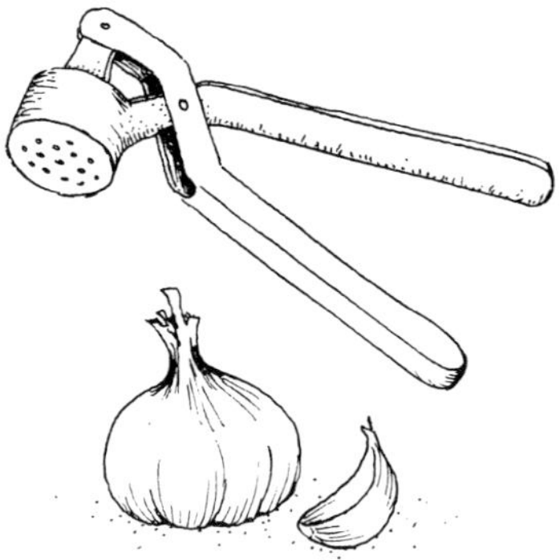

Nudel-holz

Teig-schaber

Kuchen-pinsel

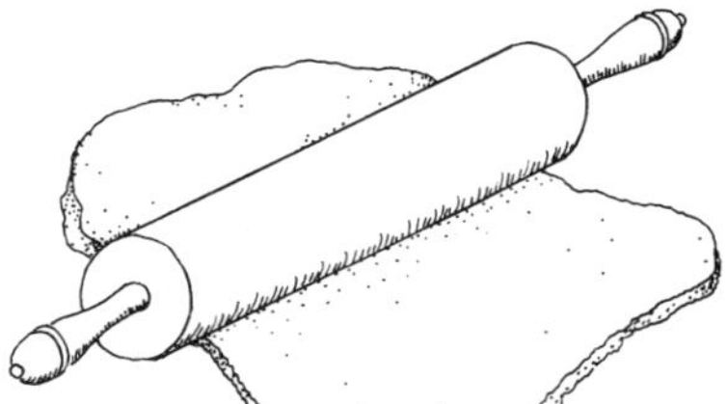

Mehlsieb	**Schnee-besen**	**Schlag-besen**
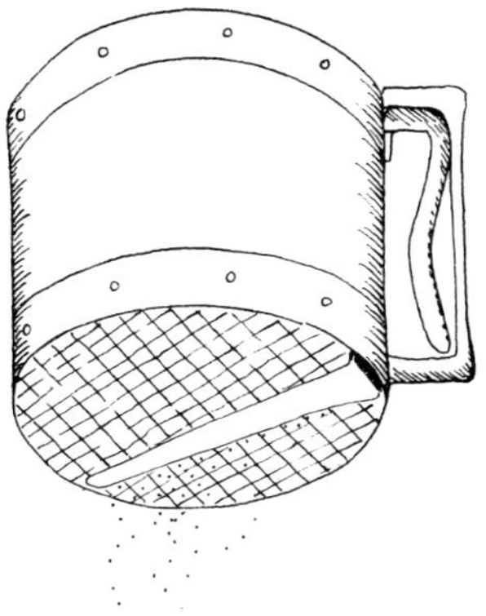		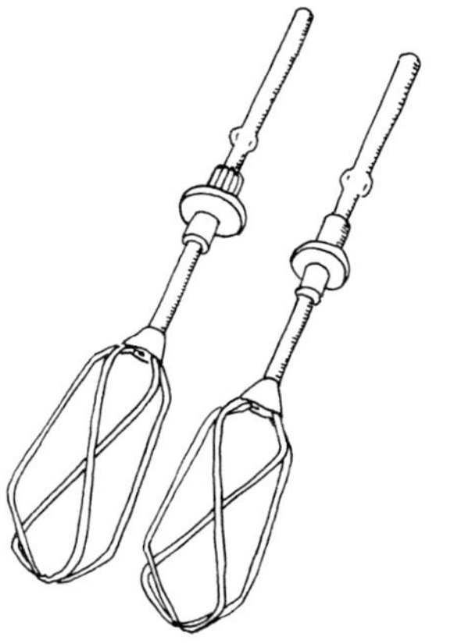
Rohkost-reibe	**Passier-stab**	**Knet-haken**
	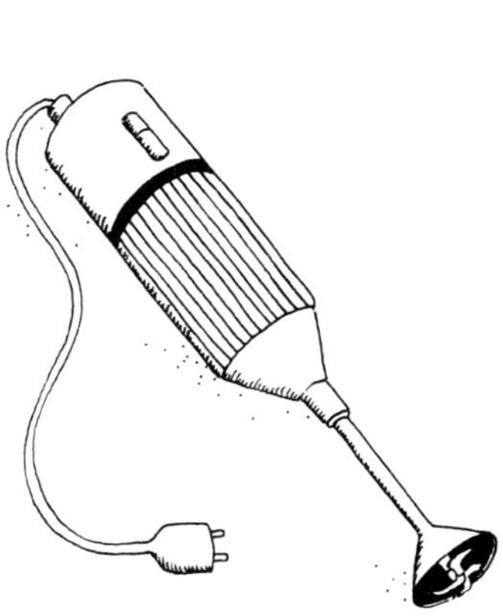	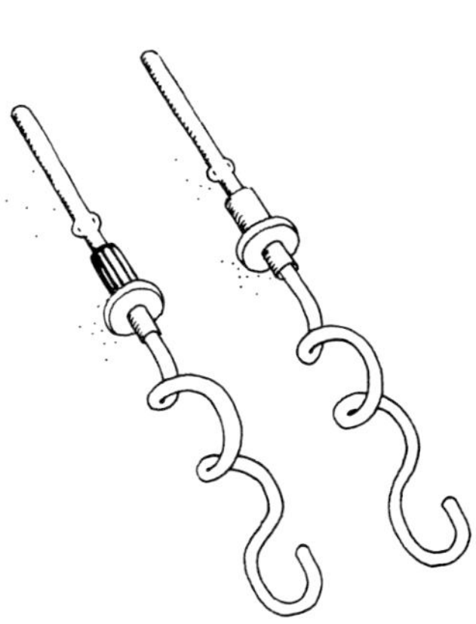

2.3 Memory „Küchenlatein“

Bildkarten

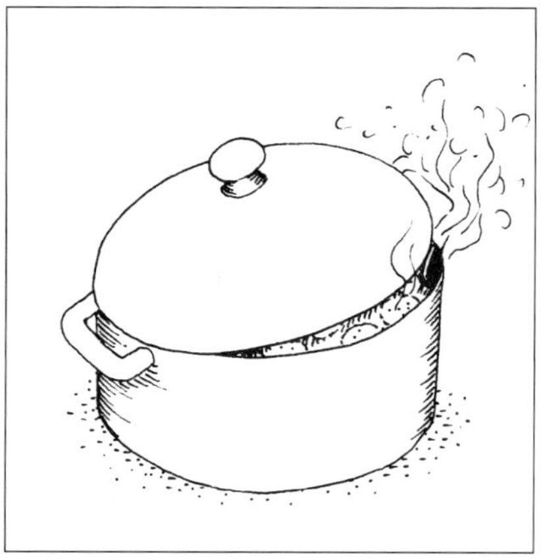

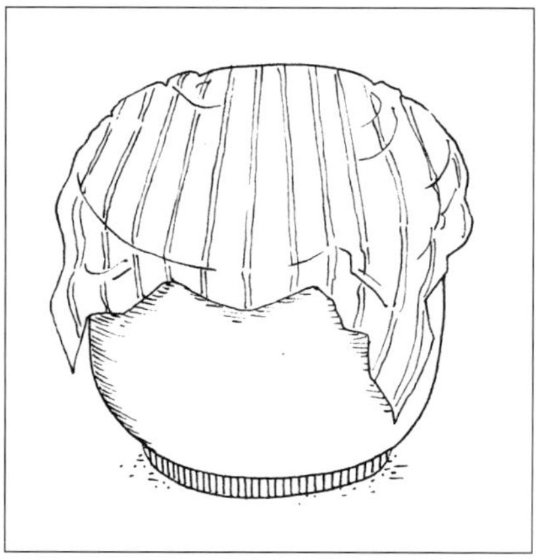

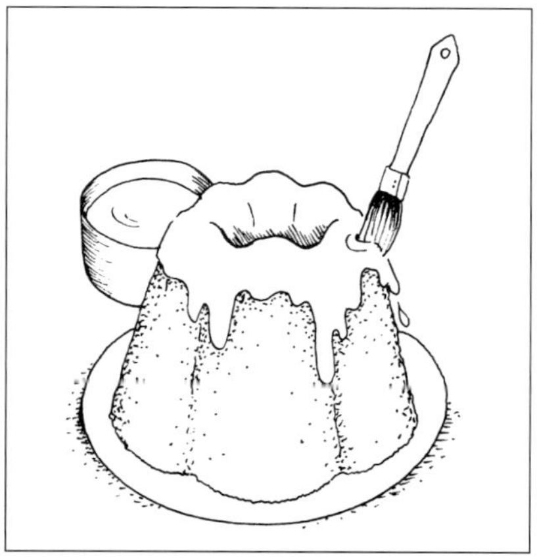
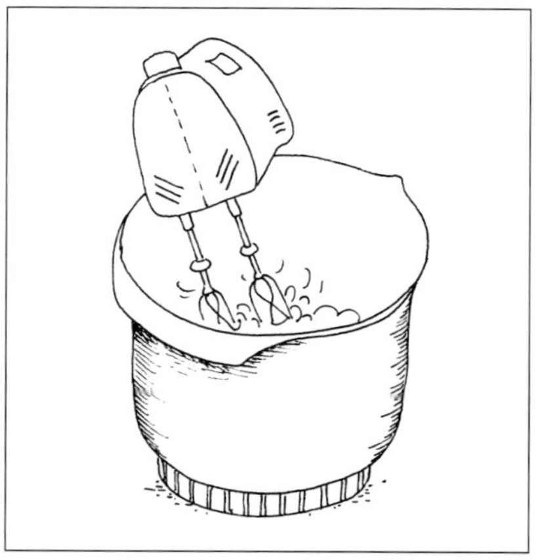

Tranchieren	**Überbacken**	**Wasserbad**
Ziehen lassen	**Steif schlagen**	**Unterheben**
Ruhen lassen	**Schaum-masse**	**Fritieren**
Passieren	**Glasieren**	**Schaumig schlagen**

Zerlegen und Portionieren von gegartem Fleisch, einschließlich Wild und Geflügel.	Überkrusten und Bräunen der Oberfläche von Speisen durch Überbacken.	Gefäß mit kochendem Wasser zum Warmhalten, Garmachen oder Schmelzen von empfindlichen Lebensmitteln.
Garen in Flüssigkeit unter Siedetemperatur.	Einarbeiten von Luft in Sahne oder Eiweiß. Das Nahrungsmittel wird fest.	Vorsichtiges Einarbeiten von Eischnee oder Sahne in eine Masse.
Teige 30 Minuten zugedeckt stehen lassen.	Schaumig gerührte eireiche, oft fetthaltige Masse, die sehr locker ist.	In heißem Fett schwimmend garen und bräunen.
Nahrungsmittel oder Speisen durch ein feines Sieb streichen.	Überziehen von Gebäck nach dem Backen mit zuckerhaltigem Guss.	Einrühren von Luft zum Lockern mit dem Rührgerät, z. B. bei Kuchen.

Mehl-
teiglein

Essig
Öl
Salz

Panier-
mehl

Anbraten	Andünsten	Aufgießen
Binden	Blanchieren	Braten
Dämpfen	Kochen	Marinade
Panieren	Pürieren	Abschrecken

Nahrungsmittel im heißen Fett von allen Seiten bräunen, damit die Poren sich rasch schließen.	Nahrungsmittel bei mäßiger Hitze ohne Bräunung erhitzen, dann nur wenig Flüssigkeit zugeben.	Notwendige Flüssigkeitsmenge nach und nach zugeben.
Binden von Flüssigkeiten, z. B. durch Mehl oder Stärkemehl.	Kurzes Erhitzen roher Nahrungsmittel durch Übergießen mit kochender Flüssigkeit und kurzes Ziehenlassen.	Garen in heißem Fett unter Bräunung auf der Pfanne oder in der Röhre.
Garen im Wasserdampf bei geschlossenem Topf.	Garen von Nahrungsmitteln in reichlich Flüssigkeit.	Salatsoße
Nahrungsmittel in Mehl, Ei und Semmelbrösel wenden, in heißem Fett ausbacken (z. B. Wiener Schnitzel).	Weiche Nahrungsmittel zu glattem Brei verarbeiten, z. B. Cremesuppe herstellen.	Gekochte oder gebrühte Nahrungsmittel kurz mit kaltem Wasser überbrausen.

2.4 Quartett „Getreide“

Getreidearten

- **Hafer**
- Hirse
- Roggen
- Weizen

Getreidearten

- Hafer
- **Hirse**
- Roggen
- Weizen

Getreidearten

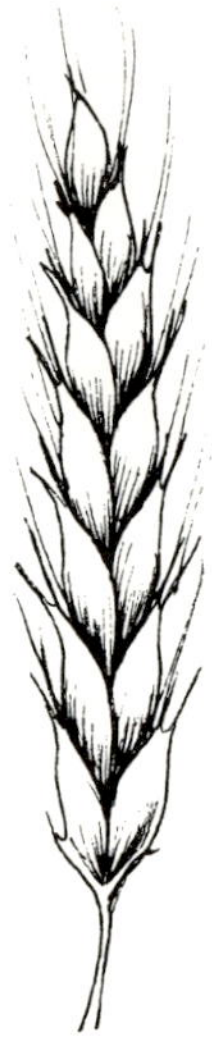

- Hafer
- Hirse
- **Roggen**
- Weizen

Getreidearten

- Hafer
- Hirse
- Roggen
- **Weizen**

Bestandteile des Getreidekorns

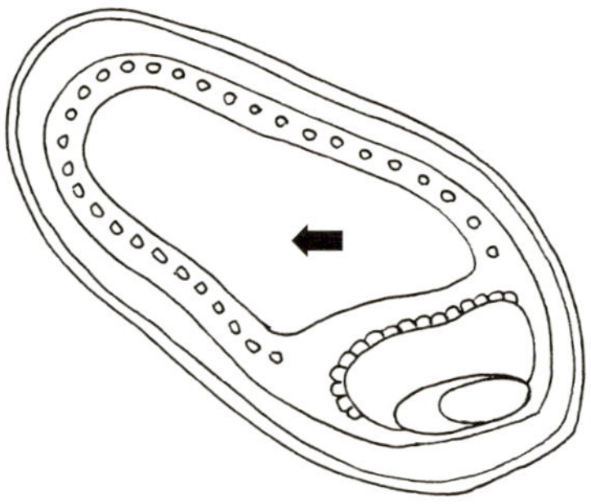

- **Mehlkörper**
- Keimling
- Samenschale
- Fruchtschale

Bestandteile des Getreidekorns

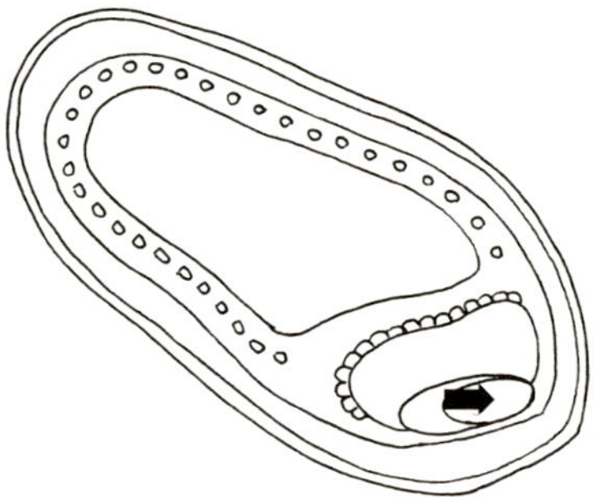

- Mehlkörper
- **Keimling**
- Samenschale
- Fruchtschale

Bestandteile des Getreidekorns

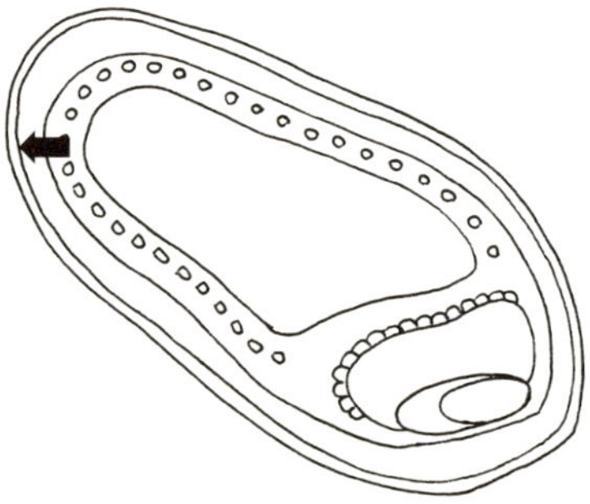

- Mehlkörper
- Keimling
- **Samenschale**
- Fruchtschale

Bestandteile des Getreidekorns

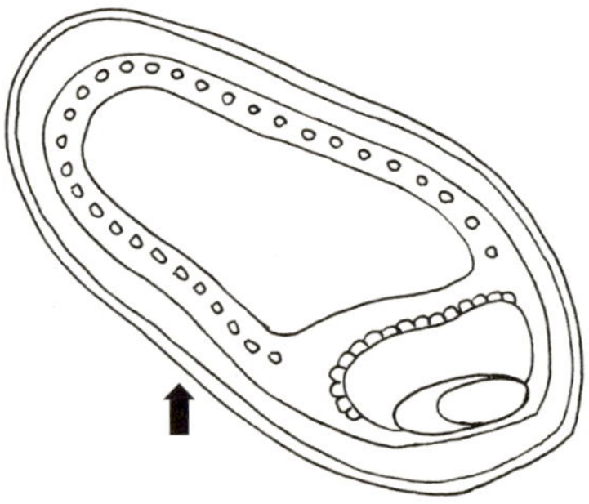

- Mehlkörper
- Keimling
- Samenschale
- **Fruchtschale**

Weißes Mehl

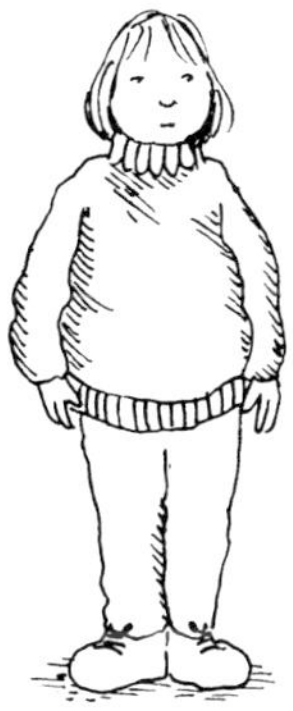

- **viel Energie**
- kurze Sättigung
- vitaminarm
- ungesund

Weißes Mehl

- viel Energie
- **kurze Sättigung**
- vitaminarm
- ungesund

Weißes Mehl

- viel Energie
- kurze Sättigung
- **vitaminarm**
- ungesund

Weißes Mehl

- viel Energie
- kurze Sättigung
- vitaminarm
- **ungesund**

Brotsorten

- **Knäckebrot**
- Vollkornbrot
- Toastbrot
- Pumpernickel

Brotsorten

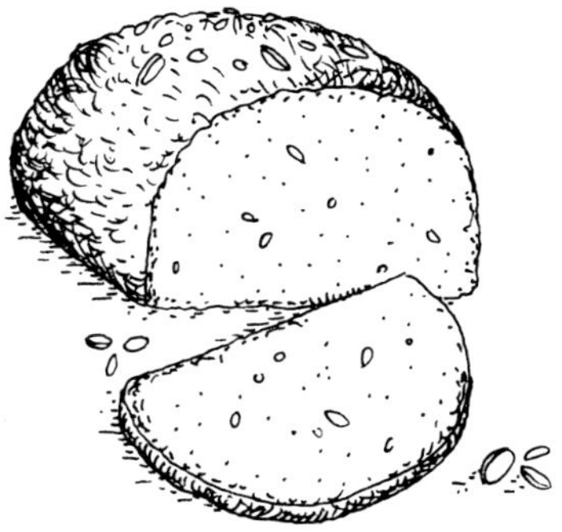

- Knäckebrot
- **Vollkornbrot**
- Toastbrot
- Pumpernickel

Brotsorten

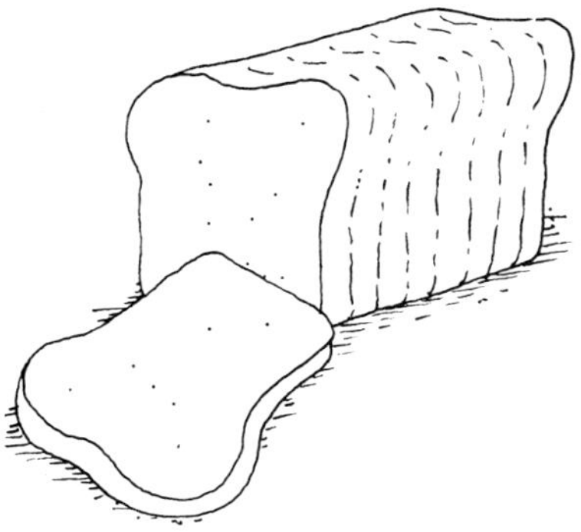

- Knäckebrot
- Vollkornbrot
- **Toastbrot**
- Pumpernickel

Brotsorten

- Knäckebrot
- Vollkornbrot
- Toastbrot
- **Pumpernickel**

Inhaltsstoffe von Vollkornmehl

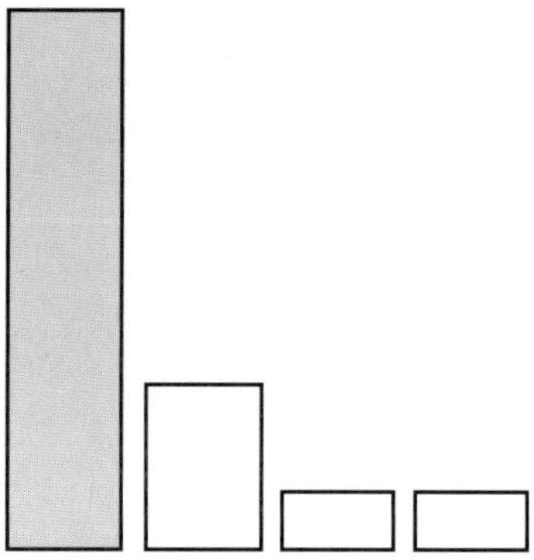

- **Kohlenhydrate**
- Eiweiß
- Vitamin B
- Ballaststoffe

Inhaltsstoffe von Vollkornmehl

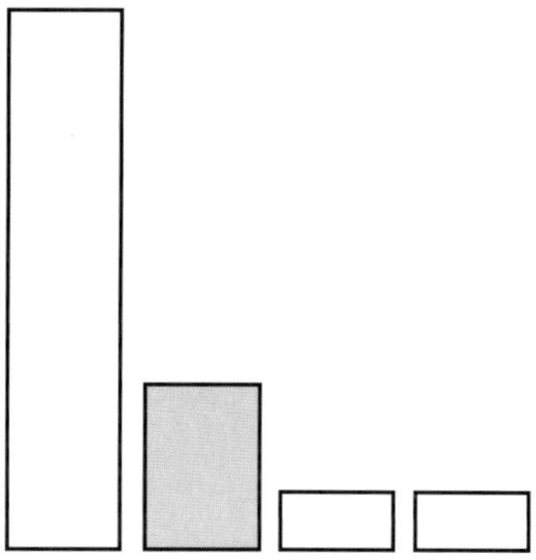

- Kohlenhydrate
- **Eiweiß**
- Vitamin B
- Ballaststoffe

Inhaltsstoffe von Vollkornmehl

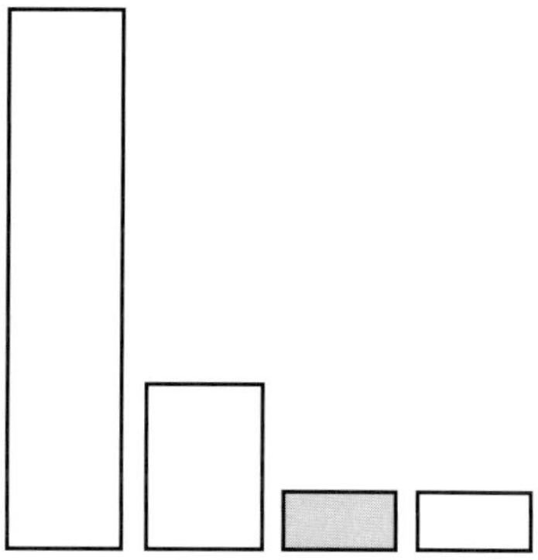

- Kohlenhydrate
- Eiweiß
- **Vitamin B**
- Ballaststoffe

Inhaltsstoffe von Vollkornmehl

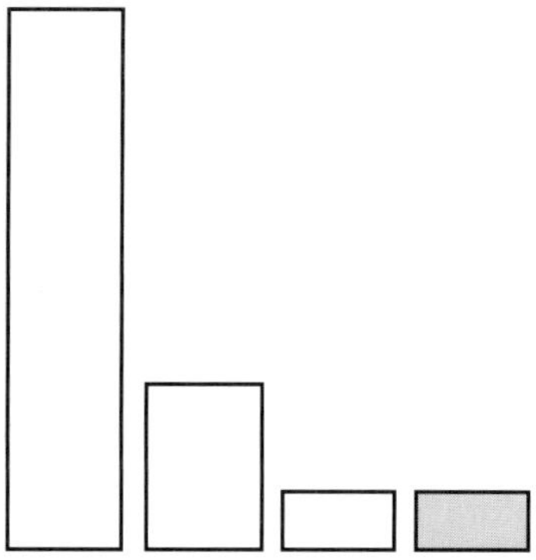

- Kohlenhydrate
- Eiweiß
- Vitamin B
- **Ballaststoffe**

Vorteile von Vollkornbrot

- **gute Sättigung**
- weniger Energie
- gute Verdauung
- gesünder

Vorteile von Vollkornbrot

- gute Sättigung
- **weniger Energie**
- gute Verdauung
- gesünder

Vorteile von Vollkornbrot

- gute Sättigung
- weniger Energie
- **gute Verdauung**
- gesünder

Vorteile von Vollkornbrot

- gute Sättigung
- weniger Energie
- gute Verdauung
- **gesünder**

Getreideprodukte

- **Stärke**
- Grieß
- Schrot
- Flocken

Getreideprodukte

- Stärke
- **Grieß**
- Schrot
- Flocken

Getreideprodukte

- Stärke
- Grieß
- **Schrot**
- Flocken

Getreideprodukte

- Stärke
- Grieß
- Schrot
- **Flocken**

Gerichte aus Getreide

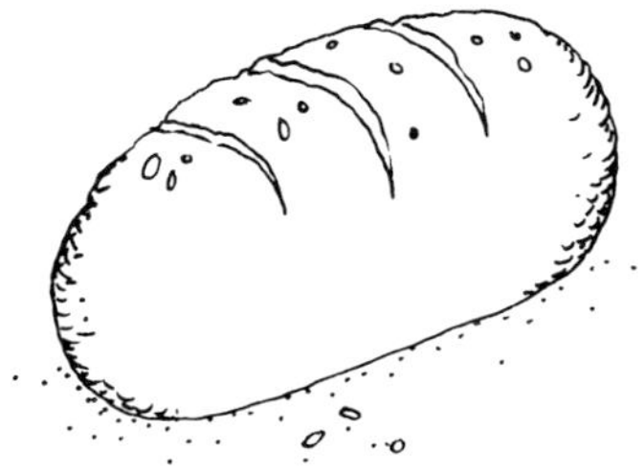

- **Brot**
- Beilage
- Müsli
- Pflanzerl

Gerichte aus Getreide

- Brot
- **Beilage**
- Müsli
- Pflanzerl

Gerichte aus Getreide

- Brot
- Beilage
- **Müsli**
- Pflanzerl

Gerichte aus Getreide

- Brot
- Beilage
- Müsli
- **Pflanzerl**

2.5 Quartett „Fett“

Fette zum Braten

- **Sonnenblumenöl**
- Olivenöl
- weißes Plattenfett
- Butterschmalz

Fette zum Braten

- Sonnenblumenöl
- **Olivenöl**
- weißes Plattenfett
- Butterschmalz

Fette zum Braten

- Sonnenblumenöl
- Olivenöl
- **weißes Plattenfett**
- Butterschmalz

Fette zum Braten

- Sonnenblumenöl
- Olivenöl
- weißes Plattenfett
- **Butterschmalz**

Wertvolle Öle

- **kaltgepresstes Olivenöl**
- kaltgepresstes Sojaöl
- kaltgepresstes Maiskeimöl
- kaltgepresstes Sonnenblumenöl

Wertvolle Öle

- kaltgepresstes Olivenöl
- **kaltgepresstes Sojaöl**
- kaltgepresstes Maiskeimöl
- kaltgepresstes Sonnenblumenöl

Wertvolle Öle

- kaltgepresstes Olivenöl
- kaltgepresstes Sojaöl
- **kaltgepresstes Maiskeimöl**
- kaltgepresstes Sonnenblumenöl

Wertvolle Öle

- kaltgepresstes Olivenöl
- kaltgepresstes Sojaöl
- kaltgepresstes Maiskeimöl
- **kaltgepresstes Sonnenblumenöl**

Weiche Fette

- **Margarine**
- Butter
- Schmalz
- Gänsefett

Weiche Fette

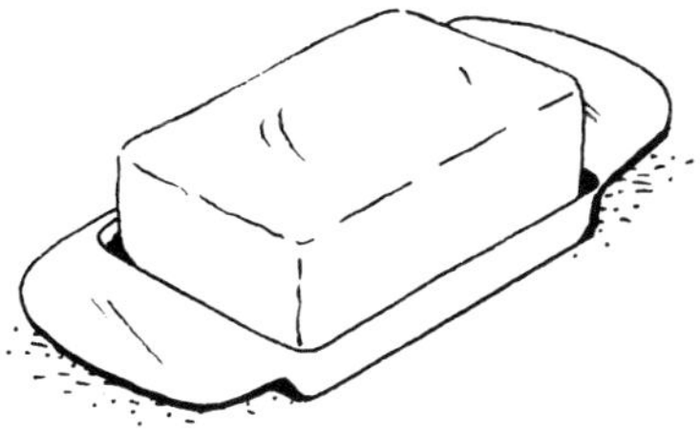

- Margarine
- **Butter**
- Schmalz
- Gänsefett

Weiche Fette

- Margarine
- Butter
- **Schmalz**
- Gänsefett

Weiche Fette

- Margarine
- Butter
- Schmalz
- **Gänsefett**

Pflanzliche Fette

- **Margarine**
- Kokosfett
- Sonnenblumenöl
- Sesamöl

Pflanzliche Fette

- Margarine
- **Kokosfett**
- Sonnenblumenöl
- Sesamöl

Pflanzliche Fette

- Margarine
- Kokosfett
- **Sonnenblumenöl**
- Sesamöl

Pflanzliche Fette

- Margarine
- Kokosfett
- Sonnenblumenöl
- **Sesamöl**

Harte Fette

- **weißes Plattenfett**
- Speck
- Talg
- Butterschmalz

Harte Fette

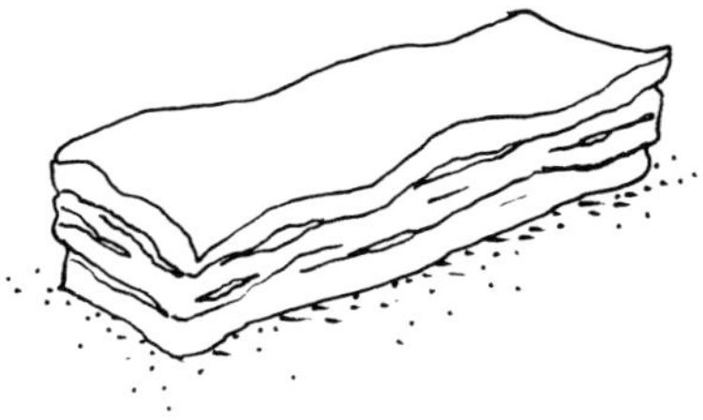

- weißes Plattenfett
- **Speck**
- Talg
- Butterschmalz

Harte Fette

- weißes Plattenfett
- Speck
- **Talg**
- Butterschmalz

Harte Fette

- weißes Plattenfett
- Speck
- Talg
- **Butterschmalz**

Versteckte Fette

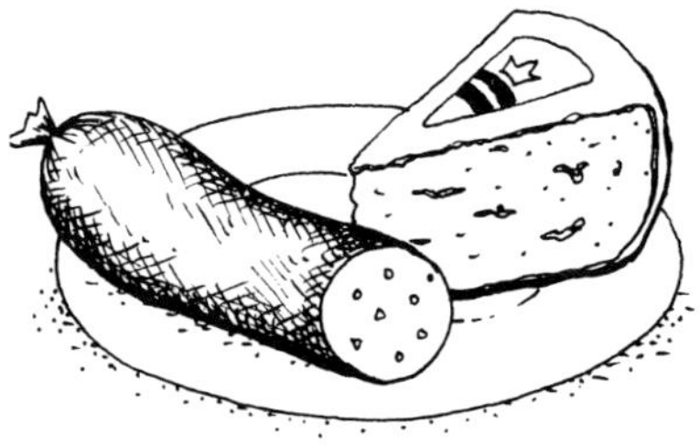

- **Wurst und Käse**
- Cremetorte
- Schokolade
- Chips und Nüsse

Versteckte Fette

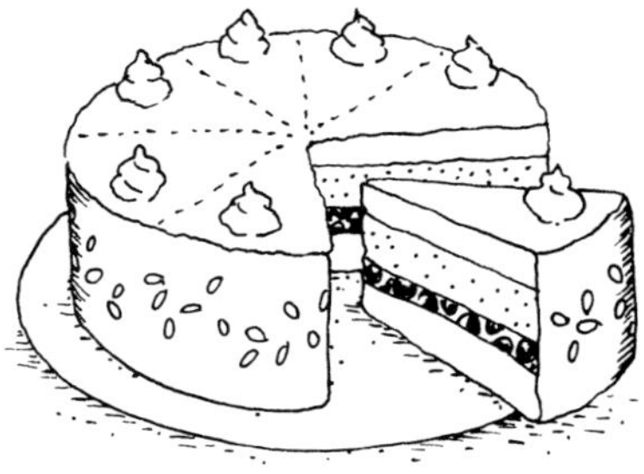

- Wurst und Käse
- **Cremetorte**
- Schokolade
- Chips und Nüsse

Versteckte Fette

Wurst und Käse
- Cremetorte
- **Schokolade**
- Chips und Nüsse

Versteckte Fette

- Wurst und Käse
- Cremetorte
- Schokolade
- **Chips und Nüsse**

Tierische Fette

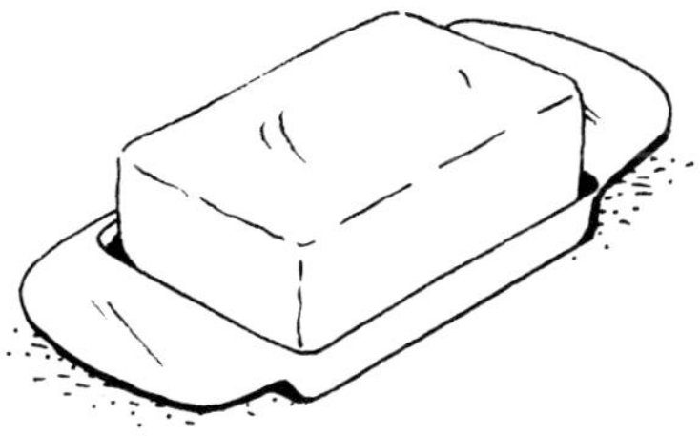

- **Butter**
- Schmalz
- Speck
- Lebertran

Tierische Fette

- Butter
- **Schmalz**
- Speck
- Lebertran

Tierische Fette

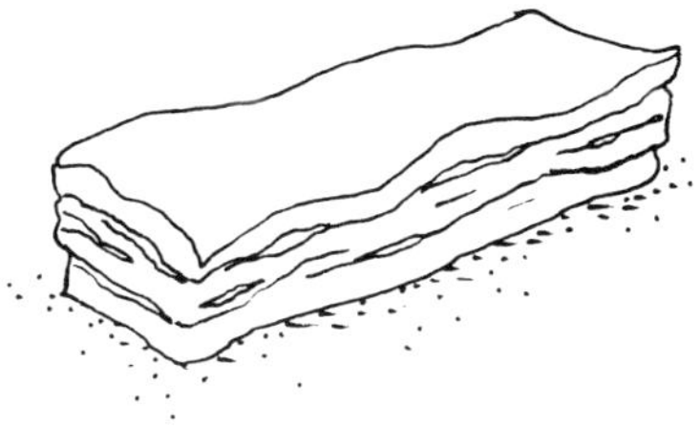

- Butter
- Schmalz
- **Speck**
- Lebertran

Tierische Fette

- Butter
- Schmalz
- Speck
- **Lebertran**

Flüssige Fette

- **Distelöl**
- Leinsamenöl
- Olivenöl
- Walnussöl

Flüssige Fette

- Distelöl
- **Leinsamenöl**
- Olivenöl
- Walnussöl

Flüssige Fette

- Distelöl
- Leinsamenöl
- **Olivenöl**
- Walnussöl

Flüssige Fette

- Distelöl
- Leinsamenöl
- Olivenöl
- **Walnussöl**

2.6 Karten für die Fragetasche

Eine Fragekarte besteht aus einer Vorder- und Rückseite (Frage- und Antwortseite). Fragekarte in der Mitte der Länge nach falten, kleben und ausschneiden. Wegen der besseren Haltbarkeit ist es empfehlenswert, die Fragekarte zu laminieren. Die Laminierfolie sollte mindestens 5mm überstehen, damit sich die geklebten Seiten der Fragekarte nicht lösen.

Arbeiten die Schüler mit der Karte alleine, benötigt man Fragetaschen. Indem sie die Karte Stück für Stück herausziehen, ist immer nur eine Frage und eine Antwort auf der Rückseite sichtbar. Arbeiten zwei Schüler zusammen, übernimmt ein Schüler die Kontrolle.

Anfertigen einer Fragetasche

1. Falten des Papieres (Fotokarton, Karton)
2. Kleben der seitlichen Ränder

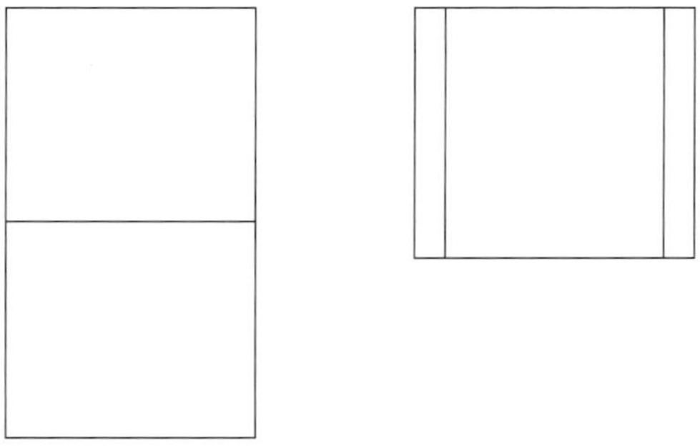

Arbeiten mit der Fragetasche

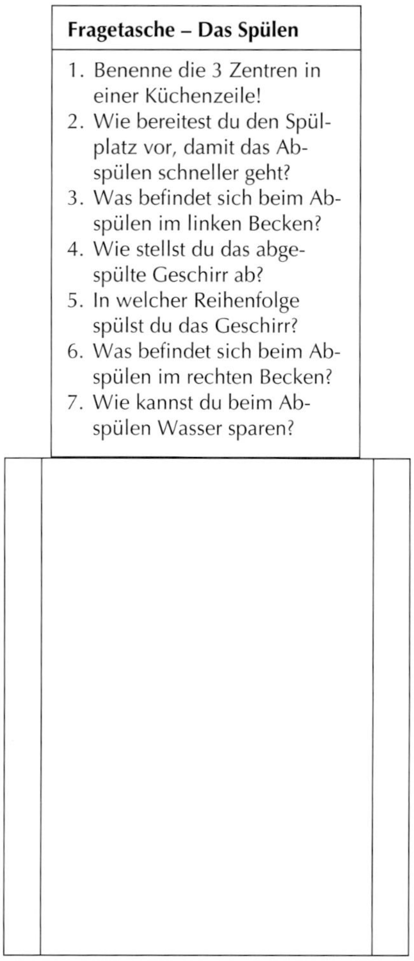

Fragekarte: Lebensmittelgruppen

1. Wie viele Süßigkeiten darfst du täglich essen?
2. Wie viele Gläser Wasser trinkst du täglich?
3. Wie viele Portionen Getreideprodukte, Kartoffeln oder Reis isst du täglich?
4. Wie viele Portionen Milch- oder Milchprodukte sollst du täglich essen?
5. Wie viele Portionen Obst und Gemüse isst du täglich?
6. Wie oft pro Woche isst du Fleisch und Wurst?
7. Wie oft pro Woche isst du Fisch?

Lösungen: Lebensmittelgruppen

1. Nur sehr wenige!
2. 5–6 Gläser
3. Täglich 3–4 Scheiben Brot <u>und</u> 1 Portion Reis, Nudeln oder Kartoffeln
4. ¾ l Milch <u>oder</u> 1 Tasse Milch + 1 Joghurt + 1x Käse
5. Täglich 5 Portionen, z. B. 2x Obst und 3x Gemüse
6. Wöchentlich 3–4 Mal
7. Wöchentlich 2–3 Mal

Fragekarte: Garmachungsarten

1. Was bedeutet „Kochen"?
2. Was bedeutet „Dünsten"?
3. Was bedeutet „Dämpfen"?
4. Was bedeutet „Braten"?
5. Was bedeutet „Grillen"?
6. Was bedeutet „Schmoren"?
7. Was bedeutet „Überbacken"?

Lösungen: Garmachungsarten

1. Garen von Nahrungsmitteln in reichlich Flüssigkeit.
2. Garen von Nahrungsmitteln im eigenen Saft unter Zugabe von wenig Fett und, falls nötig, wenig Flüssigkeit.
3. Garen im Wasserdampf bei geschlossenem Topf.
4. Garen unter Bräunung in wenig heißem Fett in der Pfanne oder in der Röhre.
5. Garen durch Strahlungshitze im vorgeheizten Grill.
6. Kräftiges Anbräunen in heißem Fett bei guter Hitze.
7. Überkrusten und Bräunen der Oberfläche durch kurzes Überbacken im Ofen.

Fragekarte: Marktkunde

1. Nenne verschiedene Einkaufsstätten!
2. Wie heißen „am Markt" die Verbraucher?
3. Wie heißen „am Markt" die Erzeuger oder Händler?
4. Fällt oder steigt der Preis?
   - Angebot groß und Nachfrage klein
   - Angebot klein und Nachfrage groß
5. Wie kannst du dich über das aktuelle Marktangebot informieren?
6. Wie wird im Supermarkt dein Einkaufsverhalten beeinflusst?
7. Nenne zwei Möglichkeiten umweltbewusst/ökologisch einzukaufen.

Lösungen: Marktkunde

1. Supermarkt, Kaufhaus, Wochenmarkt, Gemischtwarenladen, Fachgeschäft, z. B. Bäcker, Metzger usw.
2. Konsumenten
3. Anbieter
4. Der Preis
   - fällt
   - steigt
5. Anzeigen, Preislisten, Preisvergleiche, Stiftung Warentest, Verbraucherorganisationen
6. Teure Ware in Augenhöhe, Waren über Laden verteilt usw.
7. Wochenmarkt bzw. regionale Produkte bevorzugen, der Jahreszeit entsprechend einkaufen bzw. Saisonware kaufen.

Fragekarte: LM-Kennzeichnung

1. Was muss alles auf dem Etikett stehen?
2. Wie kann die Mengenangabe angegeben sein?
3. Welche Zutat steht als Erste in der Zutatenliste?
4. Welche Gewichtsklassen gibt es bei Eiern?
5. Welche Handelsklasse würdest du bei Obst kaufen, das du in der Pause essen möchtest?
6. Welche Handelsklasse für Äpfel würdest du für Apfelmus kaufen?

Lösungen: LM-Kennzeichnung

1. Verkehrsbezeichnung, Mengenangabe, Mindesthaltbarkeitsdatum, Zutatenliste, Name und Anschrift des Herstellers
2. kg, g, l, Stück
3. Die Zutat, von der am meisten enthalten ist.
4. Gewichtsklasse S (small), M (medium), L (large), XL (extra large)
5. Handelsklasse „Extra“ oder I
6. Handelsklasse II oder III

Fragekarte: Vitamine

1. Welche Obst- und Gemüsesorten haben viel Vitamin C?
2. Welches wertvolle Vitamin enthalten Vollkornprodukte?
3. Welches Vitamin stärkt die Infektabwehr?
4. Welches Vitamin enthält die Gelbrübe (Möhre)?
5. Wie musst du dich ernähren, um deinen Vitaminbedarf zu decken?
6. Welche Aufgaben hat das Vitamin D im Körper?
7. Welches Vitamin ist das Gehirn- und Nervenvitamin?

Lösungen: Vitamine

1. Zitronen, Kiwi, Paprika, Petersilie, Johannisbeeren
2. Vitamin B
3. Vitamin C
4. Vitamin A
5. Ich esse täglich frisches, rohes Obst und Gemüse, Vollkorn- und Milchprodukte.
6. Es steuert das Knochen- und Zahnwachstum.
7. Vitamin B

Fragekarte: Das Spülen

1. Benenne die 3 Zentren in einer Küchenzeile!
2. Wie bereitest du den Spülplatz vor, damit das Abspülen schneller geht?
3. Was befindet sich beim Abspülen im linken Becken?
4. Wie stellst du das abgespülte Geschirr ab?
5. In welcher Reihenfolge spülst du das Geschirr?
6. Was befindet sich beim Abspülen im rechten Becken?
7. Wie kannst du beim Abspülen Wasser sparen?

Lösungen: Das Spülen

1. Kochzentrum, Arbeitszentrum, Spülzentrum
2. Geschirr vorspülen und rechts neben Becken stapeln
3. Klares, heißes Wasser zum Nachspülen
4. Umgedreht auf die Abtropffläche
5. Gläser, Teller, Besteck, Schüsseln, Töpfe
6. Heißes Wasser mit wenig Spülmittel
7. Sehr schmutziges Geschirr vorspülen. Am Anfang wenig Wasser ins rechte Becken, einlaufendes Wasser zum Nachspülen verwenden.

Fragekarte: Fachbegriffe

1. Was bedeutet „Steif schlagen"?
2. Was bedeutet „Unterheben"?
3. Was bedeutet „Schaumig schlagen"?
4. Was bedeutet „Abschrecken"?
5. Was bedeutet „Krallengriff"?
6. Was bedeutet „Marinieren"?
7. Was bedeutet „Vermengen"?

Lösungen: Fachbegriffe

1. Sahne oder Eiweiß mit dem Rührgerät so lange schlagen, bis sie steif sind.
2. Eischnee vorsichtig unter eine Masse ziehen, damit er nicht zusammenfällt.
3. In eine Masse, z. B. Butter, Eier und Zucker, durch Rühren Luft einarbeiten.
4. Nudeln oder Eier mit kaltem Wasser überbrausen.
5. Mit dem Krallengriff hält man eine Zwiebel beim Schneiden fest.
6. Lebensmittel in Essig, Wein, Saft, Öl, Gewürze o. Ä. einlegen.
7. Eine Speise mittels 2 Löffeln vorsichtig vermischen.

2.7 Klammerkarten

Karteikästen mit Klammerkarten eignen sich für Einzelarbeit. Der Schüler liest sich die Frage mit den vier Antwortmöglichkeiten durch und befestigt dort eine Klammer, wo er die richtige Antwort vermutet. Durch Umdrehen der Karte kann er sein Wissen kontrollieren, denn hier ist die Lösung markiert.

Die auf den folgenden Seiten vorbereiteten Karten werden kopiert und ausgeschnitten. Falten Sie sie an der gestrichelten Linie und kleben Sie die Lösungen auf den Rückseiten fest. Anschließend sollten Sie die Karten laminieren. Wegen der geklebten Kanten sollte die Laminierfolie mindestens 5mm überstehen.

Der Arbeitsplatz in der Schulküche

So bereitest du den Spülplatz zum Abspülen vor:

- ☐ Geschirr im Becken stapeln
- ☐ Geschirr vorspülen, gestapelt rechts vom Spülbecken abstellen
- Geschirr vorspülen, gestapelt links vom Spülbecken abstellen
- ☐ Geschirr rechts irgendwie stapeln

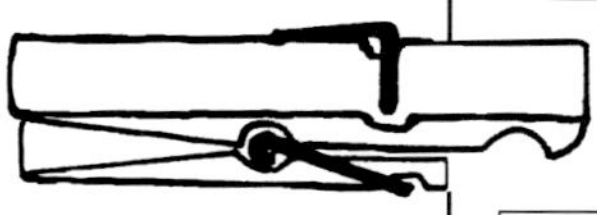

Lösung	Fachbegriffe
	Zerlegen und Portionieren von gegartem Fleisch, einschließlich Wild und Geflügel:
☐	☐ Dressieren
☐	☐ Marinieren
☒	☐ Tranchieren
☐	☐ Glasieren

Lösung	Fachbegriffe
	Trockenen Zucker im Topf meist ohne Fett goldbraun bräunen.
☐	☐ Braten
☐	☐ Überbacken
☐	☐ Glasieren
☒	☐ Karamelisieren

Lösung	Fachbegriffe
	Schwimmendes Garen in heißem Fett.
☐	☐ Braten
☐	☐ Dünsten
☐	☐ Überbacken
☒	☐ Fritieren

Lösung	Fachbegriffe
	Garen unter Bräunung in wenig heißem Fett in der Pfanne oder im Rohr.
☒	☐ Braten
☐	☐ Backen
☐	☐ Dämpfen
☐	☐ Fritieren

Lösung	Fachbegriffe
	Marinieren bedeutet:
☒	☐ Lebensmittel z. B. mit Essig, Wein, Saft, Öl, Gewürze o. Ä. einlegen.
☐	☐ Fleisch in Ei undSemmelbrösel wenden.
☐	☐ Einen Kuchen mit Sahne verzieren.
☐	☐ Das Binden von Suppen und Soßen.

Lösung	Fachbegriffe
	Weiche Lebensmittel werden zu Brei verarbeitet (z. B. Bananen und Kartoffeln).
☐	☐ Tranchieren
☒	☐ Pürieren
☐	☐ Glasieren
☐	☐ Marinieren

Lösung	Umweltschutz
	Das Wegwerfen will gelernt sein! Was gehört nicht in den Papiercontainer?
☒	☐ Milch- und Safttüten, Joghurt-Pappbecher
☐	☐ Kartonabfälle, Schachteln
☐	☐ Papiertüten vom Semmeleinkauf
☐	☐ Tonpapierreste, Schmierpapier

Lösung	Fachbegriffe
	Sahne oder Eiweiß so lange schlagen, bis sie fest sind.
☐	☐ Rühren
☐	☐ Schaumig schlagen
☒	☐ Steif schlagen
☐	☐ Vermengen

Lösung	Einkaufskunde
	Es geht um den sparsamen Einkauf. Welche Behauptung ist richtig?
☐	☐ Kaufe Erdbeeren besonders im Winter. Da sind sie am günstigsten!
☒	☐ Großpackungen sind meist günstiger als kleinere verpackte Mengen.
☐	☐ Den Einkaufszettel kann man sich sparen!
☐	☐ Kaufe Markenprodukte – die sind immer billiger!

Lösung	Einkaufskunde
	Welcher Produktname entspricht nicht der Vorschrift für die Verkehrsbezeichnung?
☐	☐ Serbische Bohnensuppe
☐	☐ Vanillecreme
☐	☐ Fürst-Pückler-Eisroulade
☒	☐ Mitternachtssuppe

Lösung	Einkaufskunde
	Welche Zutat steht auf der Zutatenliste des Etiketts an 1. Stelle?
☐	☐ Die Zutat, die die Leute am liebsten essen.
☐	☐ Die Zutat, die nach dem Alphabet als Erste kommt.
☐	☐ Die Zutat, die am gesündesten ist.
☒	☐ Die Zutat, von der am meisten enthalten ist.

Lösung	Einkaufskunde
	Was muss auf dem Etikett stehen?
☒	☐ Mindesthaltbarkeitsdatum, Zutatenliste, Erzeuger, Verkehrsbezeichnung, Menge
☐	☐ Stückzahl, Analyse der Inhaltsstoffe, Werbeslogan
☐	☐ Nährstoffgehalt, ein Bild der Ware
☐	☐ Zutatenliste, Werbeslogan, Preis, Menge, Name der Ware, Hersteller

Lösung	Einkaufskunde
	Was sagen dir bei Obst und Gemüse die Handelsklassen „Extra" und I?
☒	☐ Die Ware ist fehlerlos in Form und Farbe, keine Mängel.
☐	☐ Die Ware ist besonders gesund und bekömmlich.
☐	☐ Die Ware hat einen besonders erlesenen Geschmack.
☐	☐ Die Ware ist frisch geliefert worden.

Lösung	Umweltschutz
	Das Wegwerfen will gelernt sein! Was gehört nicht in den Aluminium- und Weißblechcontainer?
☒	☐ Tetra-Pak
☐	☐ Dosen
☐	☐ Joghurtdeckel
☐	☐ Aluminiumfolie

Lösung	Umweltschutz
	Die umweltschädlichste Art, den Einkauf nach Hause zu tragen:
☐	☐ Einkaufskorb
☒	☐ Plastiktüte
☐	☐ Einkaufstasche
☐	☐ Schachtel

Lösung	Umweltschutz
	Hier geht es um den umweltfreundlichen Einkauf! Wer ist ein Umweltsünder?
☐	☐ Ich kaufe Pfandflaschen, weil sie wiederverwendet werden können.
☐	☐ Ich kaufe nur Produkte aus Altpapier, damit nicht so viele Wälder abgeholzt werden.
☐	☐ Ich kaufe Wurst und Käse immer an der Theke ein. Da lass ich mir es in meine Dose packen.
☒	☐ Ich kaufe Getränke nur in Plastikflaschen oder Tetra-Paks. Da muss ich nicht so schwer tragen und sie sind billiger.

Lösung	Umweltschutz
	Das Wegwerfen will gelernt sein! Was gehört nicht zum Altglas?
☐	☐ zerbrochene Flaschen
☐	☐ Joghurtgläser aus Glas
☐	☐ Marmeladengläser
☒	☐ zerbrochene Fensterscheiben

Lösung	Der Arbeitsplatz in der Schulküche	
	Beim Abspülen beachtest du Folgendes:	
☐	☐	Gebrauchtes Geschirr im Becken stapeln und Wasser mit viel Spülmittel einlassen.
☐	☐	Im Nachspülbecken heißes Wasser mit Spülmittel einlassen.
☒	☐	Geschirr spülen, im klaren Wasser nachspülen, umgedreht auf Abtropffläche stellen.
☐	☐	Zuerst Teller, dann Gläser und dann das Besteck abspülen.

Lösung	Der Arbeitsplatz in der Schulküche	
	So kannst du beim Kochen Strom sparen:	
☐	☐	Einen kleinen Topf auf eine große Herdplatte stellen.
☐	☐	Wenn eine Speise fertig ist, die Herdplatte ausschalten.
☒	☐	Herdplatte kurz vor Ende der Garzeit ausschalten und Nachwärme ausnützen.
☐	☐	Kleine Nahrungsmengen in einem großen Topf zubereiten.

Lösung	Der Arbeitsplatz in der Schulküche	
	Beim Abspülen befindet sich im rechten Spülbecken:	
☒	☐	heißes Wasser mit wenig Spülmittel
☐	☐	heißes, klares Wasser zum Nachspülen
☐	☐	heißes Wasser mit viel Spülmittel
☐	☐	lauwarmes Wasser mit wenig Spülmittel

Lösung	Der Arbeitsplatz in der Schulküche	
	So kann es beim Kochen zu einem Unfall kommen:	
☐	☐	Pfannenstiel nach innen schauen lassen.
☐	☐	Beim Tragen von heißen Töpfen Topflappen verwenden.
☐	☐	Milch immer ohne Deckel erhitzen, sonst läuft sie über.
☒	☐	Pfannenstiele nach außen schauen lassen.

2.8 Infospiele

2.8.1 Spielanleitung

Info-Spiel

1. Wer die höchste Augenzahl würfelt, beginnt!
2. Gehe so viele Felder vor, wie du Punkte gewürfelt hast.
3. Wenn du auf ein ?-Feld kommst, nimm dir eine Ereigniskarte.
   Hast du die Frage richtig beantwortet, bekommst du einen „Pluspunkt".
4. Kontrolliere deine Antwort selbst oder durch einen Spielpartner.
   Lies dazu auf der Kartenrückseite nach.
5. Wer kommt schnell ans Ziel und hat die meisten Pluspunkte?

2.8.2 Spielfeld

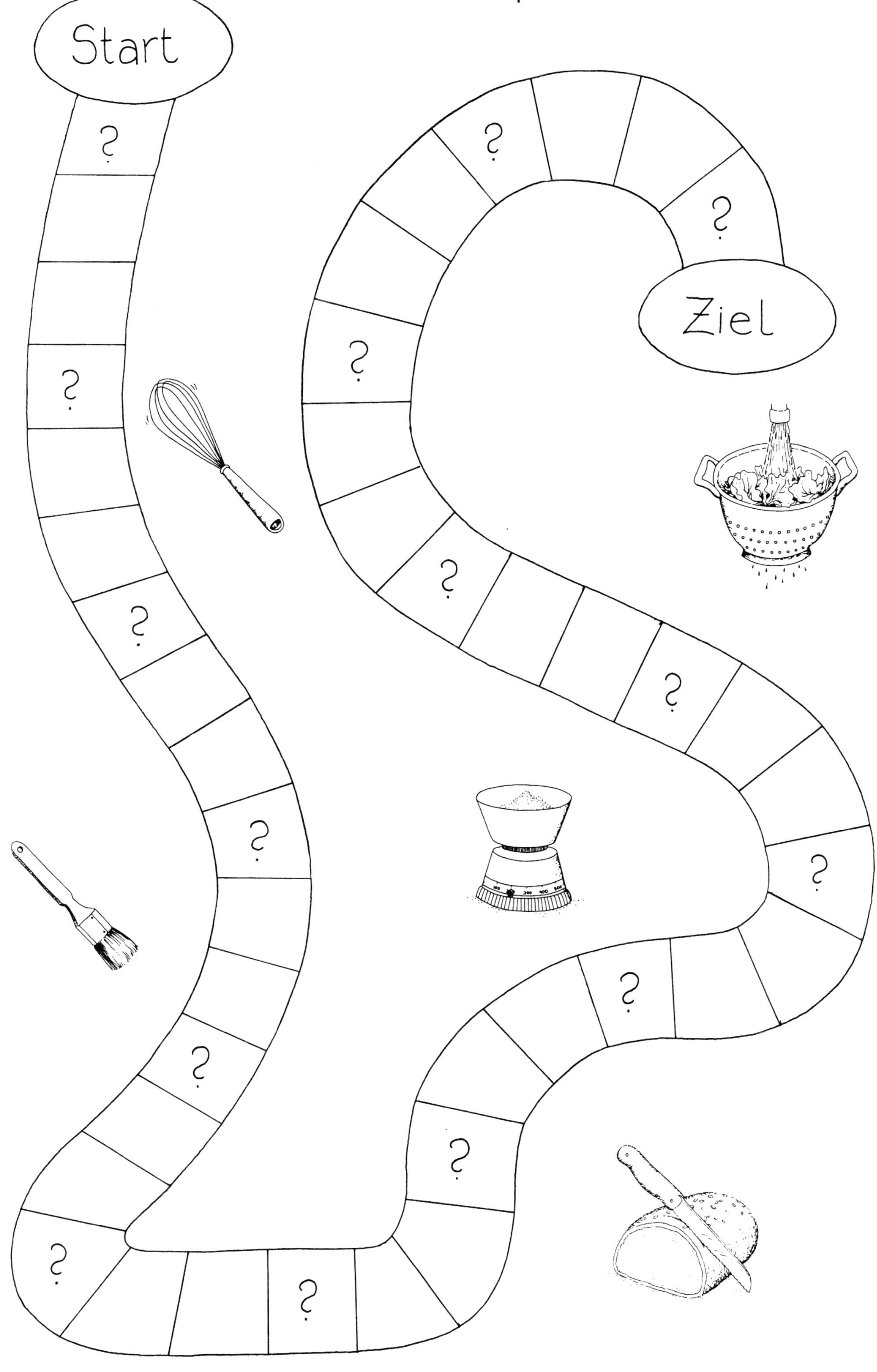

2.8.3 Fragekarten für den Bereich „Arbeitsplatz" (Karten falten und zusammenkleben)

Kennst du 2 Möglichkeiten, wie du bei der Topf- und Deckelauswahl am Herd Energie sparen kannst?	– *Topfboden- und Herdplattengröße müssen gleich sein.* – *Passenden, gut abschließenden Deckel verwenden.* – *Topfboden muss gerade (eben) sein.* – *Restwärme nutzen.*
Die Herdplatte kann von 1–12 eingestellt werden. In welchem Bereich kochst du eine Suppe?	*Von Stellung 4 bis maximal 8.*
Was brauchst du zum Reinigen eines stark verschmutzten Herdes?	– *Heißes Spülwasser* – *Lappen/Schwammtuch* – *Scheuermilch* – *Scheuerschwamm*
Wofür brauchst du am Herdschalter die Einstellung 1–3?	*Erwärmen, Quellen, Schmelzen*
Welchen Griff wendest du beim Schneiden an?	*Den Krallengriff.*
In welcher Reihenfolge bekommst du beim Schneiden Würfel?	*1. Scheiben* *2. Streifen/Stifte* *3. Würfel*
Welche 2 Bereiche beachtest du beim Vorbereiten deines Arbeitsplatzes?	*Den inneren und den äußeren Greifraum.*
Nenne 2 Regeln, die du bei der Vorbereitung des Arbeitsplatzes beachtest!	– *Alle Sachen müssen bequem erreichbar sein.* – *Hände sollen kreuzfrei arbeiten.* – *Von rechts nach links arbeiten.*
Nenne 3 Gegenstände, die du beim Schneiden im inneren Greifraum benötigst!	*Brett, Messer, Schwammtuch zum Unterlegen*
Nenne 2 Regeln, wie du Unfälle mit dem Pürierstab am Handrührgerät vermeidest!	– *Nicht mit Wasser in Berührung bringen.* – *Erst einschalten, wenn sich Pürierstab in der Schüssel befindet (Spritzgefahr).* – *Während des Pürierens keine Gegenstände in die Schüssel gelangen lassen.*

Was sparst du dir, wenn du deinen Arbeitsplatz übersichtlich und komplett herrichtest?	*Ich spare Zeit, Kraft und Wege.*

Was befindet sich beim Spülen rechts neben dem Spülbecken?	*Das schmutzige Geschirr.*

Was füllst du in das rechte Spülbecken ein?	*Warmes bis heißes Wasser und 1 Spritzer Spülmittel.*

Was befindet sich im kleineren linken Spülbecken?	*Klares warmes bis heißes Wasser.*

Warum spülst du das Geschirr mit klarem Wasser nach?	*Um Spülmittelreste zu entfernen.*

Was befindet sich auf der linken Seite neben dem Spülbecken?	*Die Abtropffläche für das gespülte Geschirr.*

Wie kannst du Unfälle beim Schneiden vermeiden? Nenne 2 Möglichkeiten!	*Ich wende den Krallengriff an und lege ein feuchtes Tuch unter das Schneidebrett.*

Hygiene ist in der Küche oberstes Gebot. Nenne 2 Möglichkeiten.	– *Schürze* – *Hände waschen* – *Kopfbedeckung* – *Ringe von den Händen entfernen* – *Wunden abdecken*

Du musst Töpfe, Besteck, Gläser und Teller spülen. Nenne die richtige Reihenfolge.	*1. Gläser* *2. Teller* *3. Besteck* *4. Töpfe*

Nenne 2 Maßnahmen, womit du am Herd Unfälle vermeidest.	– *Pfannenstiel muss nach innen zeigen.* – *Topfdeckel nach vorne wegziehen.* – *Topflappen verwenden.*

2.8.4 Fragekarten für den Bereich „Fett“ (Karten falten und zusammenkleben)

Warum schwimmt Fett?	*Weil es leichter als Wasser ist.*	Wie viel kJ Energie liefert 1 g Fett?	*1 g Fett liefert ca. 39 kJ Energie.*
Warum spritzt Plattenfett beim Erhitzen nicht?	*Weil es kein Wasser enthält.*	Wie viel g Fett benötigt der Mensch täglich pro kg Körpergewicht?	*0,7–1 g Fett pro kg Körpergewicht werden benötigt.*
Du hast Öl eingekauft. Wie lagerst du es?	*Kühl und dunkel.*	Wie viel der Gesamtenergiemenge darf täglich in Form von Fetten aufgenommen werden? 15%, 30%, 55%.	*Es dürfen nicht mehr als 30% Energie in Form von Fetten täglich aufgenommen werden.*
Nenne 3 Möglichkeiten, wie Fette beschaffen sein können.	*Fest, weich, flüssig.*	Warum muss Fleisch zum Braten in heißes Fett gelegt werden?	*Damit sich die Poren schließen und kein Fleischsaft austritt (Eiweißgerinnung).*
Welche Beschaffenheit hat Butter bei Zimmertemperatur?	*Weich.*	Nenne ein flüssiges tierisches Fett.	*Fischtran.*

Welche Hauptaufgabe hat Fett für den Körper?	*Es liefert Energie.*
Ist Butter ein tierisches oder ein pflanzliches Fett?	*Butter ist ein tierisches Fett.*
Welche Funktion erfüllt die Körperfettschicht für die inneren Organe?	*Sie schützt vor Druck und Stoß.*
Warum sind kaltgepresste Öle zu bevorzugen?	– *Sie enthalten mehr Vitamine und Mineralstoffe.* – *Geruchs- und Geschmacksstoffe bleiben erhalten.*
Ein bestimmter Nährstoff kann ohne Fett nicht vom Körper aus der Nahrung gelöst werden. Welcher?	*(Fettlösliche) Vitamine, z. B. A, D, E.*

Öl kann kalt verwendet werden. Nenne ein Beispiel.	*Z. B. Salatsoße, Mayonnaiseherstellung …*
Wann kannst du Butter zum Braten verwenden?	*Bei kurzen Gar- bzw. Bratzeiten.*
Nenne die Herkunftsarten von Fetten.	*Pflanzen oder Tiere.*
Welche Öle sind besonders gesund?	*Pflanzliche, kaltgepresste Öle.*
Es gibt verschiedene Ölsorten. Nenne 2 Beispiele.	*Walnussöl, Sesamöl, Olivenöl, Sojaöl, Erdnussöl …*

2.9 Das Fett-Tropfen-Spiel

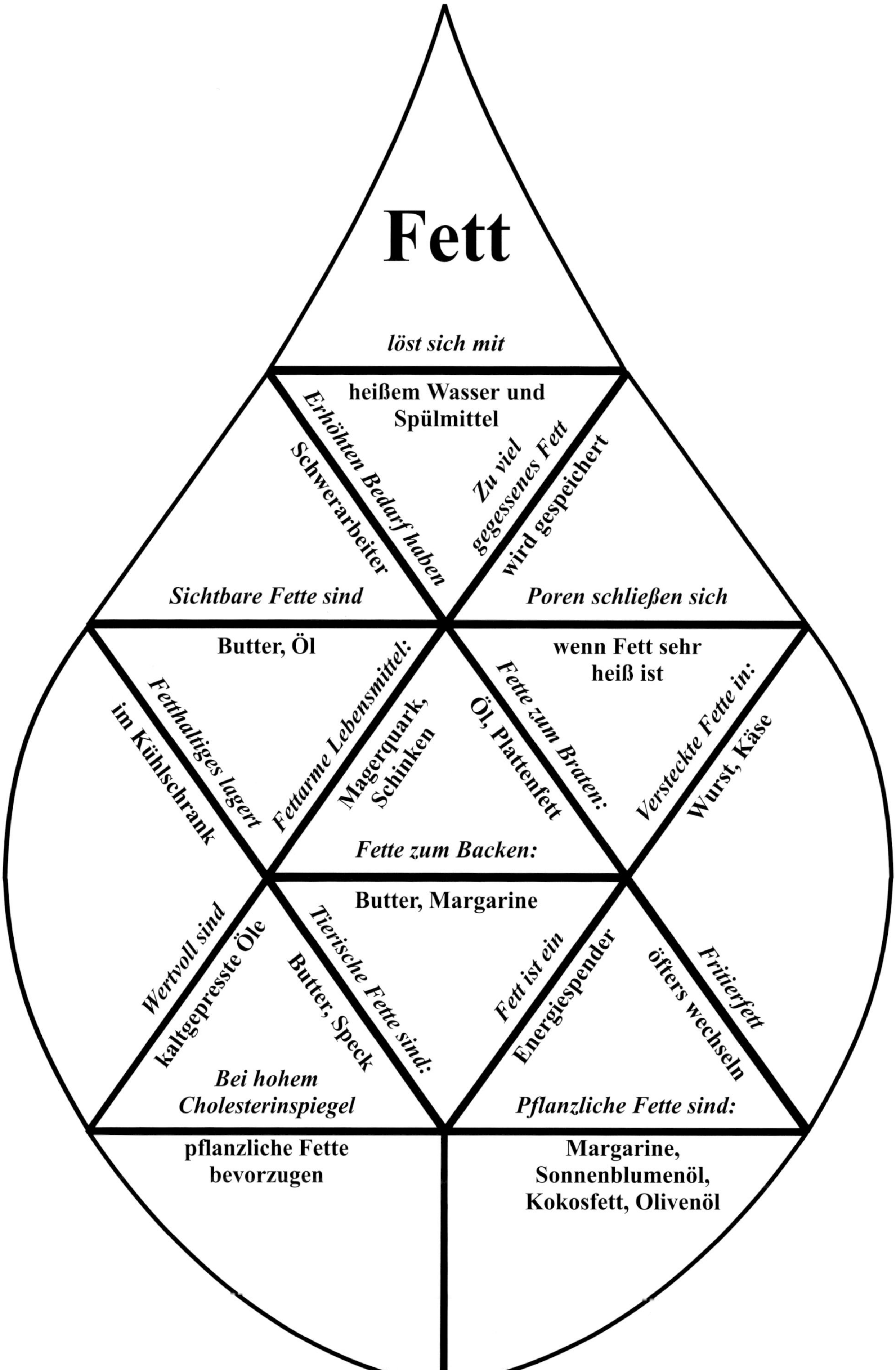

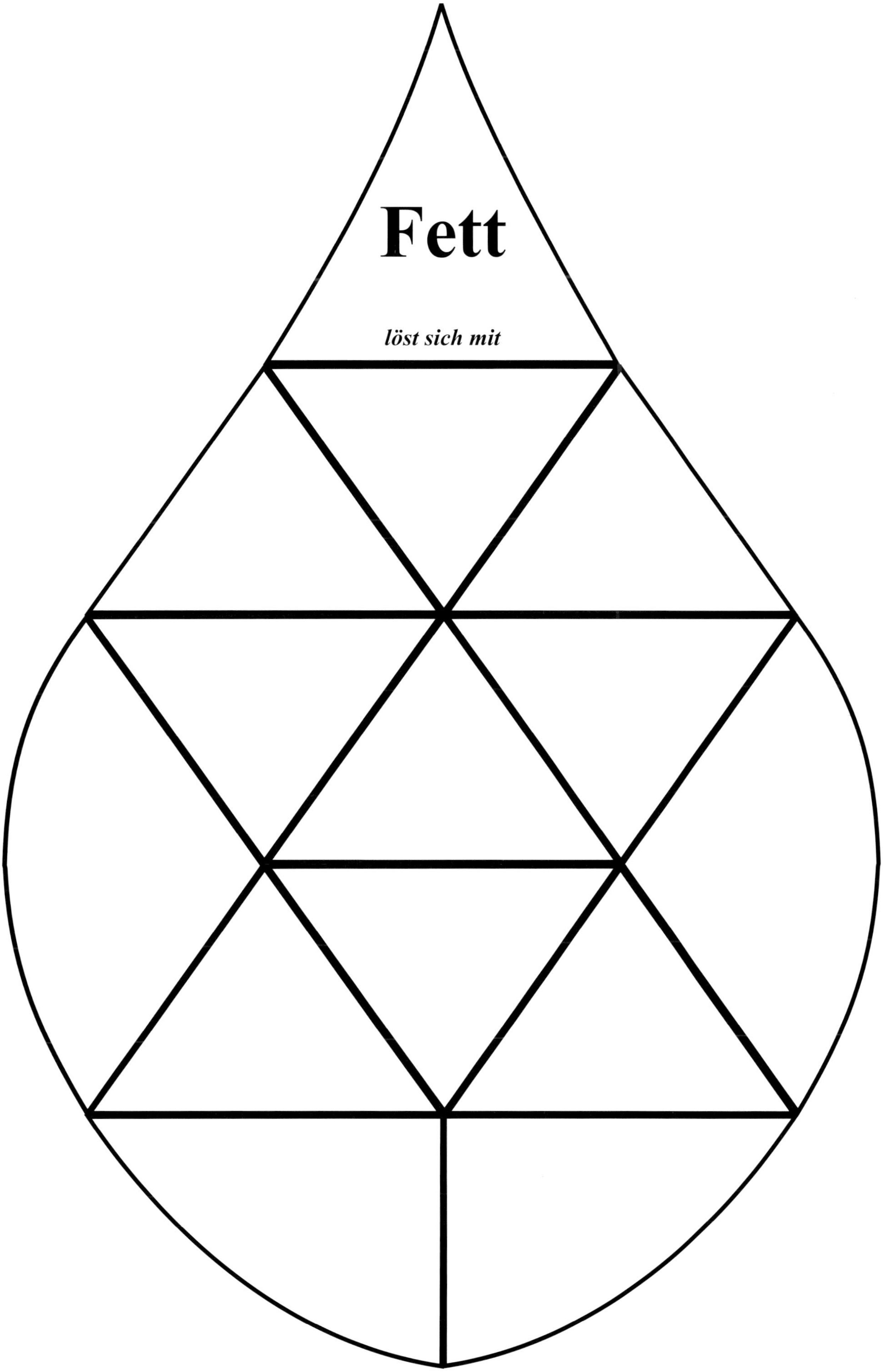
Fett
löst sich mit

3. Lernzirkel

3.1 Hinweise für den Einsatz von Lernzirkeln

Einen Lernzirkel können Sie zur Neuerarbeitung, Übung oder als Kombination einsetzen. Beim erstmaligen Einsatz ist der Lernzirkel zu begrenzen. Ein Zuviel an Umfang und Wahlmöglichkeiten überfordert die Schüler.

Ein bereits bestehender Lernzirkel lässt sich je nach Klassensituation variieren, z. B.:

- Die Schüler können die Sozialform (Einzel, Partner- oder Gruppenarbeit) frei wählen. Der Lehrer legt die maximale Gruppenstärke fest.
- Planen von Pflicht-, Wahl- und freiwilligen Stationen. So kann man nach Neigung und Arbeitsgeschwindigkeit differenzieren.
- Abwechslungsreiche Stationen einrichten. Alles allen Sinnen! Lassen Sie die Schüler riechen, schmecken, hören, fühlen oder sehen. Legen Sie unterschiedliche Arbeitsmaterialien bereit, z. B. Lebensmittel, Schulbuch, Broschüren, Wortkarten und Bilder. Planen Sie unterschiedliche Tätigkeiten ein, z. B. Zuordnen von Lebensmitteln, Probieren, Berechnen, Unterstreichen, Beschriften, Versuche durchführen, auswerten usw.
- Wählen Sie unterschiedliche Formen der Ergebnissicherung, z. B. Tafel, Zuordnen von Wortkarten, Pinnwand, Gestaltung eines Plakates, Ergänzung eines Arbeitsblattes usw.

Schrecken Sie nicht davor zurück, Lernzirkel in schwierigen Gruppen aufzubauen. Oft macht man gerade dort sehr positive Erfahrungen.

3.2 Lernzirkel „Fett“

3.2.1 Aufgaben

Aufgabe 1:

Berechne den Fettgehalt des Käsesoufflés!

100 g Milch	3,5 g Fett	
100 g Gouda	25,5 g Fett	Trage die
100 g Eigelb	32,0 g Fett	Ergebnisse
100 g Eiweiß	0,2 g Fett	auf dem
100 g Butter	83,2 g Fett	Arbeits-
100 g Mehl	1,0 g Fett	blatt ein!

Medien:
- Arbeitsblatt

Aufgabe 2:

Trage die Lebensmittel je nach ihrer tierischen oder pflanzlichen Fettherkunft in die Tabelle auf dem Arbeitsblatt ein!

Medien:
- verschiedene tierische und pflanzliche fetthaltige Lebensmittel
- Arbeitsblatt

Aufgabe 3:

1. Zerdrücke zwischen saugfähigem Papier einige Erdnüsse! Was kannst du feststellen?
2. Viele Lebensmittel enthalten nicht sichtbares Fett. Suche in der Tabelle 10 Lebensmittel mit einem hohen versteckten Fettanteil heraus und trage sie in dein Arbeitsblatt ein.

Lebensmittel mit versteckten Fetten
(Fettgehalt in 100 g essbarem Anteil)

Haferflocken	7 g	Camembert (50% i. Tr.)	26 g
Rührkuchen	17 g	Doppelrahmfrischkäse	28 g
Schokolade	32 g	Eidotter	32 g
Pommes frites	12 g	Geflügelwurst	5 g
Kartoffelchips	39 g	Gelbwurst	33 g
Sahne	30 g	Mettwurst	52 g
Magerquark	1 g	Salami	50 g
Erdnüsse	49 g	Forelle	3 g

Medien:
- saugfähiges Papier
- Nüsse
- Arbeitsblatt

Aufgabe 4:

1. Probiere die verschiedenen Öle!
   Von einer Ölsorte ist sowohl ein wertvolles kaltgepresstes, als auch ein billiges extrahiertes Öl vorhanden. Schmeckst du einen Unterschied?
2. Ordne die Wortkarten zu!
3. Überprüfe die Zuordnung anhand der Nummern!
4. Suche mithilfe der Tabelle drei besonders wertvolle Öle heraus und trage sie in dein Arbeitsblatt ein!

Ölsorte	Linolsäure	Vitamin E (100 g)
Baumwollsaatöl	45%	65 mg
Erdnussöl	24%	33 mg
Kürbiskernöl	62%	0 mg
Maiskeimöl	50%	84 mg
Olivenöl	18%	14 mg
Rapsöl	19%	40 mg
Distelöl	74%	38 mg
Sesamöl	43%	29 mg
Sojaöl	60%	94 mg
Sonnenblumenöl	60%	60 mg

Medien:
- verschiedene Öle in nummerierten Gläsern; die Wortkarten „kaltgepresst" „extrahiert" sind zugeordnet
- nummerierte Wortkarten von den Ölsorten
- Arbeitsblatt

Aufgabe 5:

Ordne die Fette je nach ihrer Beschaffenheit den Wortkarten zu:
- flüssig
- weich
- fest

Medien:
- Wortkarten
- mehrere Fette mit unterschiedlicher Beschaffenheit

Aufgabe 6:

Spiele das Fett-Tropfen-Spiel!
Beginne an der Spitze!

Medien:
- Fett-Tropfen-Spiel (siehe Seite 46)

Aufgabe 7:

Spielt das Fett-Quartett. Mischt und verteilt die Karten. Ein Schüler beginnt, indem er einen anderen Mitspieler nach einer Karte fragt, die ihm selber zu einem Quartett fehlt. Hat der gefragte Mitspieler diese Karte, muss er sie hergeben und der Frager darf weiterfragen. Erhält der Frager ein „Nein", darf der gefragte Mitspieler weiterfragen.

Medien:
- Quartett „Fett" (siehe Seite 26)

Wortkarten für die Aufgaben 4 und 5

Olivenöl	gemischtes Pflanzenöl
Sonnenblumenöl	Kürbiskernöl
Walnussöl	Sesamöl
kaltgepresst	extrahiert
weich	fest
flüssig	

Name:	Klasse:	Datum:	Fach:	Nr:

Fett

Aufgabe 1: Wir berechnen den Fettgehalt eines **Käsesoufflés**

Fettgehalt		Zutaten		Zubereitung
100 g	Fettmenge im Soufflé			
83,2 g	41,6 g	50 g	Butter	Die Butter in einem Topf heiß werden lassen und das Mehl zugeben. Milch unter Rühren zugeben, einmal aufkochen lassen, vom Herd nehmen und etwas abkühlen lassen. 5 Eier trennen. Nach und nach die Eigelbe unterrühren. Käse reiben und mit den Gewürzen zur Masse geben. Eiweiß steif schlagen und unterheben. Auflaufform fetten, Teig einfüllen und 30 Minuten backen.
1 g	1 g	100 g	Mehl	
3,5 g	7 g	200 g	Milch	
32 g	32 g	100 g	Eigelb (5)	
25,5 g	25,5 g	100 g	ger. Käse	
–	–	–	Salz Pfeffer Muskat	
	107,1 g	**= Fettgesamtmenge**		

Aufgabe 2: Trage die Lebensmittel je nach ihrer **tierischen** oder **pflanzlichen Herkunft** in die Tabelle ein.

Tierische Herkunft	Pflanzliche Herkunft
Salami, Käse, Speck, Sahne, Joghurt, Sahnequark,	Mayonnaise, Schokolade, Öl, Erdnüsse,
Ei, Butter	Margarine

Aufgabe 3:

1. Zerdrücke zwischen saugfähigem Papier einige Nüsse! Was kannst du feststellen?
   Es entstehen Fettflecken auf dem Papier.
2. Viele Lebensmittel enthalten nicht sichtbar Fett. Suche in der Nährwerttabelle die 10 Lebensmittel mit dem höchsten Anteil versteckter Fette heraus!

Salami, Mettwurst, Kartoffelchips, Erdnüsse, Gelbwurst, Eidotter, Schokolade, Sahne,
Doppelrahm-Frischkäse, Camembert

Aufgabe 4: Welche Öle sind besonders wertvoll?

kaltgepresste Öle, Kürbiskernöl, Sojaöl, Sonnenblumenöl, Distelöl

Warum sind diese Öle so gesund?

Sie haben einen hohen Gehalt an Linolsäure und Vitamin E. Kaltgepresst sind die Öle gesünder, da Geschmacks- und Geruchsstoffe, Vitamine und Mineralstoffe erhalten bleiben.

3.3 Lernzirkel „Getreide“

3.3.1 Aufgaben

Aufgabe 1:

Ordne die Karten den Getreidesorten zu!
Ein Mitschüler übernimmt zum Schluss die Kontrolle. Die Nummern der richtigen Lösung stehen auf der Rückseite.
Trage die Getreidesorten in dein Arbeitsblatt ein!

Medien:
- verschiedene Getreidesorten in durchsichtigen Tüten
- Wortkarten (siehe Seite 55)
- Arbeitsblatt

Aufgabe 2:

Ordne die Wortkarten den Getreideprodukten zu!
Vergleiche den Ballaststoffgehalt!
Trage die Getreideprodukte entsprechend ihrem Ballaststoffanteil in das Arbeitsblatt ein!

Medien:
- verschiedene Getreideprodukte in durchsichtigen Tüten
- Wortkarten (siehe Seite 54)
- Arbeitsblatt

Aufgabe 3:

1. Ordne die Wortkarten dem Getreidekorn zu!
2. Beim weißen Mehl wird nur ein Auszug des Kornes vermahlen, nämlich der Mehlkörper. Wird das volle Korn vermahlen, also Mehlkörper und Schale, erhält man Vollkornmehl. Dieses Mehl ist dunkler. Ergänze das Arbeitsblatt!
3. Welches Mehl ist gesünder? Betrachte die Tabelle. Schreibe die Begründung auf dein Arbeitsblatt!

Bestandteile des Getreidekorns	Nährstoffe	
Fruchtschale Samenschale	5%	Ballaststoffe, Mineralstoffe, Vitamine
Aleuronschicht	9%	Eiweißstoffe, Mineralstoffe, Vitamine
Keimling	3%	Fette, Eiweißstoffe, Mineralstoffe, Vitamine
Mehlkörper	83%	Stärke, Eiweißstoffe (Kleber)

Medien:
- „Getreidekorn-Modell“ (siehe Seite 55)
- Wortkarten
- Pinnwand
- Arbeitsblatt

Aufgabe 4:

1. Siebe beide Mehle und vergleiche eventuelle Reste im Sieb!
2. Vergleiche die Inhaltsstoffe der Mehle in der Tabelle!
3. Welches Mehl ist gesünder? Schreibe die Begründung auf dein Arbeitsblatt!

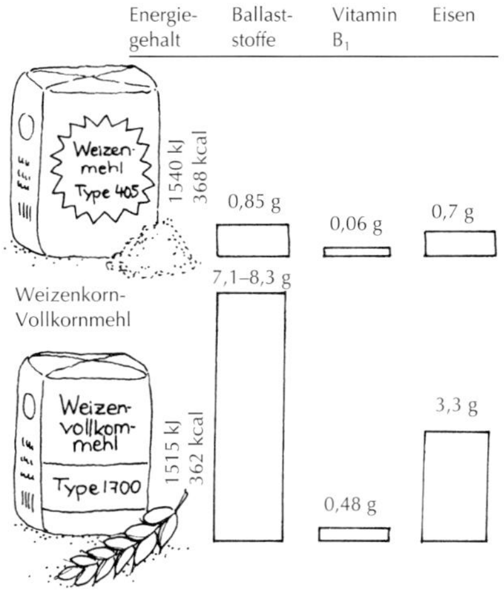

Medien:
- 2 Teller, 2 Siebe
- weißes Mehl
- Vollkornmehl
- Arbeitsblatt

Aufgabe 5:

Suche in den Kochbüchern Gerichte mit Getreide heraus!
Trage die Gerichte, die du gerne zubereiten möchtest, in dein Arbeitsblatt ein!

Medien:
- verschiedene Kochbücher
- HW-Schulbücher
- Arbeitsblatt

Aufgabe 6:

Wir vergleichen Vollkornmehl mit weißem Mehl:

1. Betrachte die Mehlsorten und vergleiche
   - die Farbe der Mehle
   - den Geruch der Mehle
2. Probiere die Brotsorten und vergleiche den
   - Geschmack
   - Geruch
   - Wie lange musst du kauen?

Medien:
- weißes Mehl
- frisch gemahlenes Vollkornmehl
- Weißbrotwürfel
- Vollkornbrotwürfel

Aufgabe 7:

Spielt das Getreide-Quartett. Mischt und verteilt die Karten. Ein Schüler beginnt, indem er einen anderen Mitspieler nach einer Karte fragt, die ihm selber zu einem Quartett fehlt. Hat der gefragte Mitspieler diese Karte, muss er sie hergeben und der Frager darf weiterfragen. Erhält der Frager ein „Nein", darf der gefragte Mitspieler weiterfragen.

Medien:
Getreide-Quartett (siehe Seite 22)

Wortkarten für Aufgabe 2

Ganzes Korn 12 g Ballaststoffe pro 100 g	**Vollkornmehl** 12 g Ballaststoffe pro 100 g
Maisflocken 4 g Ballaststoffe pro 100 g	**Haferflocken** 7 g Ballaststoffe pro 100 g
Schrot 12 g Ballaststoffe pro 100 g	**Grütze** 6 g Ballaststoffe pro 100 g
Semmelbrösel 3 g Ballaststoffe pro 100 g	**Grieß** 6 g Ballaststoffe pro 100 g
Weißes Mehl 2 g Ballaststoffe pro 100 g	**Stärke** 0 g Ballaststoffe pro 100 g

Wortkarten für Aufgabe 1

Grünkern/Dinkel

Reis

Weizen

Mais

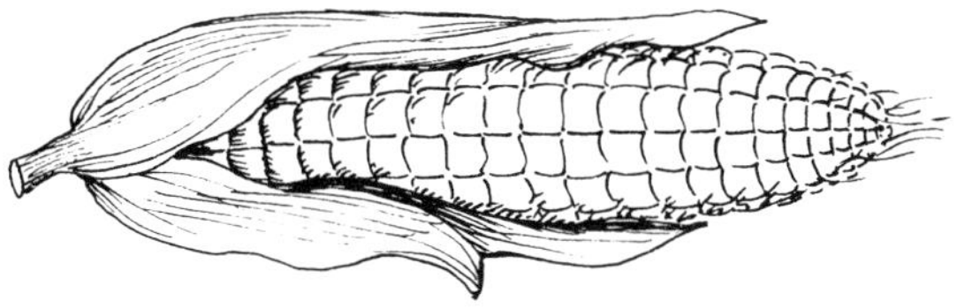

Hafer

Roggen

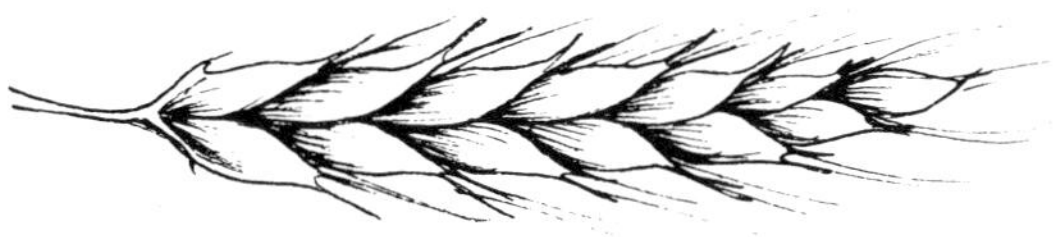

Hirse

Getreidekorn-Modell mit Wortkarten für Aufgabe 3

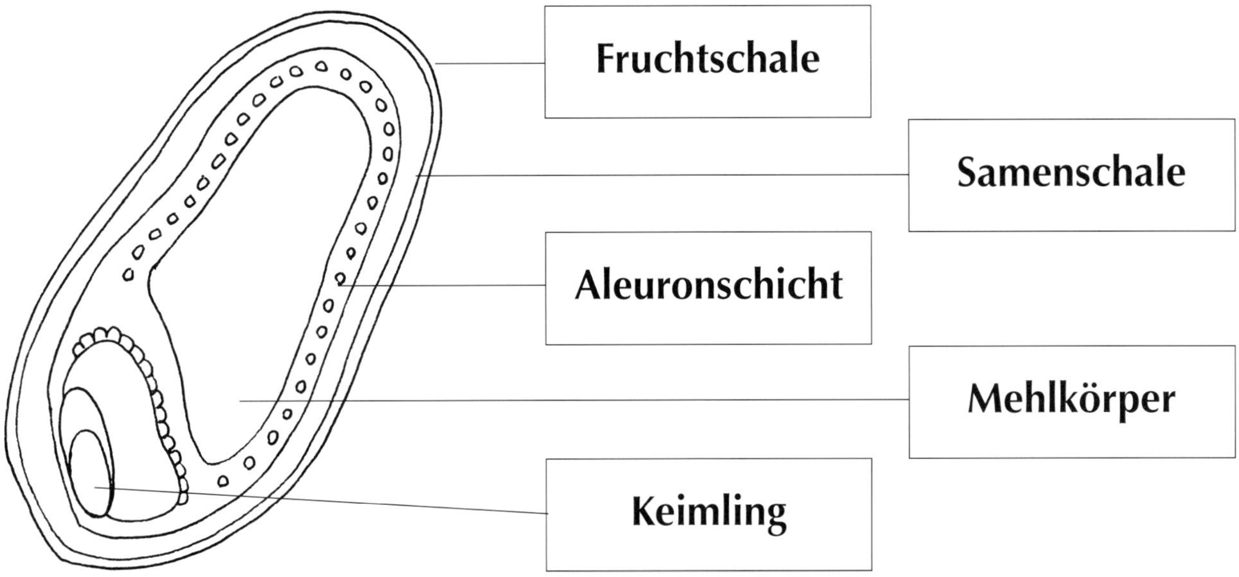

Name:	Klasse:	Datum:	Fach:	Nr:

Getreide

Hirsedessert mit Früchten

300 ml 1 EL 1 100 g 1 Msp. 2 EL 1 EL 1/4 l	Wasser Zitronen- und Orangenschale Vanilleschote Hirse Zimt gem. Mandeln Honig Sahne Früchte	Wasser mit ausgeschabtem Vanillemark, Orangen- und Zitronenschale zum Kochen bringen. Hirse einstreuen, einmal durchrühren, 10 Minuten köcheln und 10 Minuten im geschlossenen Topf ausquellen lassen. Mit Zimt würzen, nach dem Auskühlen Mandeln, Honig und Sahne unterziehen. Dessert in Gläser oder auf Teller geben, mit Obst und Sahne garnieren.

Aufgabe 1: Nenne die verschiedenen Getreidesorten!

Grünkern, Dinkel, Reis, Weizen, Mais, Hafer, Roggen, Hirse

Aufgabe 2: Ballaststoffanteil in verschiedenen Getreideprodukten

viel

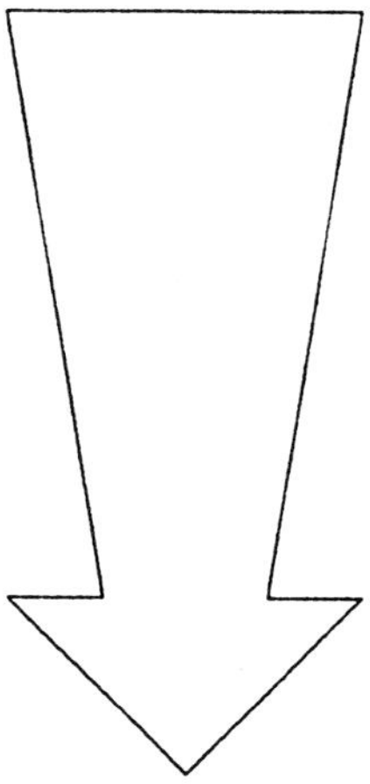

wenig

- ganzes Korn
- Schrot
- Vollkornmehl
- Haferflocken
- Grieß
- Grütze
- Maisflocken
- Semmelbrösel
- weißes Mehl
- Stärke

Aufgabe 3: Das Getreidekorn

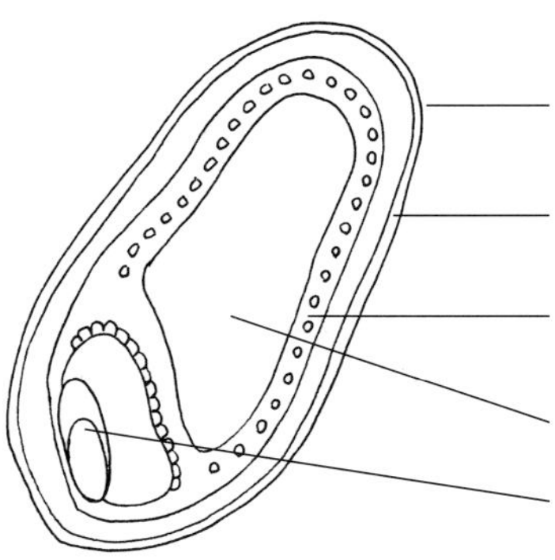

Welche Teile des Kornes werden gemahlen?

– weißes Mehl: Mehlkörper

– Vollkornmehl: Keimling, Mehlkörper

Aleuronschicht, Samenschale

Aufgabe 3 und 4: Welches Mehl ist gesünder? Begründe!

Vollkornmehl ist gesünder, da es wertvolle Bestandteile des Korns mit hohem Vitamin-, Mineralstoff- und Ballaststoffgehalt enthält.

Aufgabe 5: Gerichte aus Getreide, die ich gerne zubereiten möchte:

3.4 Lernzirkel „Markt“

3.4.1 Aufgaben

Aufgabe 1:

Was steht alles auf dem Etikett? Ordne die Wortkarten dem Plakat zu!

Medien:
- Plakat
- Wortkarten

Aufgabe 2:

1. Ordne das Obst und Gemüse den entsprechenden Güteklassen zu.
2. Welche Güteklasse verwendest du für die entsprechenden Gerichte?
3. Ordne die Wortkarte, Lebensmittel und Bilder zu.

Medien:
- Obst und Gemüse unterschiedlicher Qualität
- Bilder
- Wortkarten

Aufgabe 3:

Es gibt verschiedene Obstsorten zu unterschiedlichen Jahreszeiten.

1. Aus welchen 5 Obstsorten würdest du heute einen Obstsalat zubereiten?
2. Nimm dir den Obstkalender zur Hilfe!
3. Trage deine Obstsorten an der Tafel ein.

Medien:
- Obstkalender
- Tafel

Aufgabe 4:

Vorteile

- kein Einsatz chemischer Dünge- und Pflanzenschutzmittel
- mehr Umweltschutz
- kürzere Transportwege, da der Verkauf meist in der näheren Umgebung stattfindet

öko-logischer Landbau

Öko-Qualität garantiert aus Bayern

Nachteile

- Produkte kosten mehr
- zusätzliche Einkaufswege, da oft vor Ort, z. B. auf dem Bauernhof verkauft wird

Aufgabe: Was ist deine Meinung? Entscheidest du dich für Obst aus dem konventionellen (= herkömmlichen Anbau) oder für Obst aus ökologischem Anbau?

Aufgabe 5:

Lebensmittelallergien nehmen immer mehr zu! Experten führen dies auf die Verwendung von Farb-, Aroma- und Duftstoffen sowie Konservierungsmitteln zurück.

„Packerlpudding“

Pudding
Vanillegeschmack

Zutaten: Stärke, natürliches Aroma, Kochsalz, Farbstoff (Beta-Carotin), Riboflavin

Hersteller:
Dr. Meier GmbH, Dortmund

selbst gemachte Vanillecreme

Rezept „Vanillecreme“	
1/2 l	Milch
1	Vanilleschote
2	Eigelb
50 g	Zucker
20 g	Stärke
2	Eischnee
evtl.	Sahne

Aufgabe: Vergleiche die Inhaltsstoffe! Für welche Creme entscheidest du dich, wenn du dich besonders gesund ernähren willst?

Aufgabe 6:

Prüfe dein Wissen mithilfe der Fragetaschen!

Medien:
- Fragetaschen, siehe Seite 30 ff.

Bild für Plakat (Aufgabe 1)

Wortkarten (Aufgabe 1)

Mengenangabe

Mindesthaltbarkeitsdatum

Zutatenliste

Verkehrsbezeichnung

Name, Firma und Anschrift des Herstellers

Tomatensuppe

Tomatensalat

Apfelkuchen

Pausenapfel

Apfelmus

Apfelkuchen

Extra + I

II + III

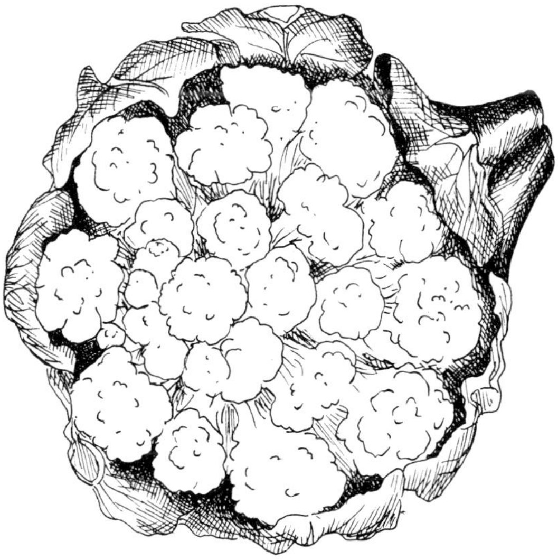

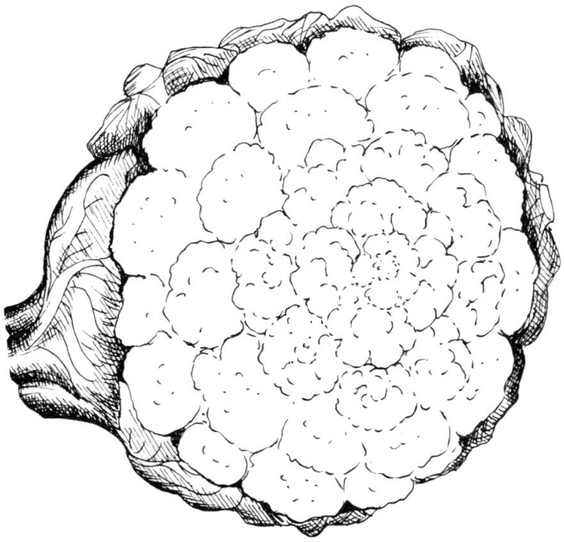

Schalenfehler

fehlender Stiel
Stielhöhle unbeschädigt

Schalenfehler, max. 1 qcm

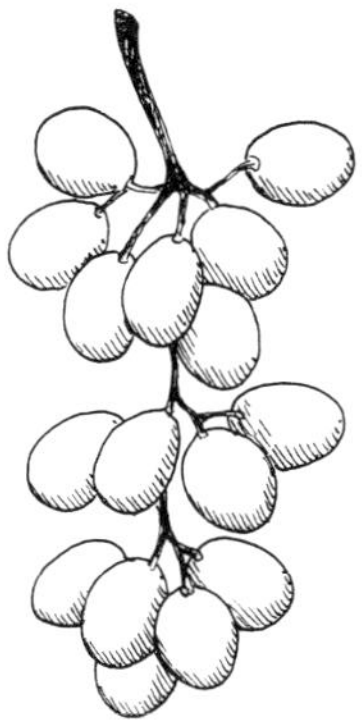

3.5 Lernzirkel „Fisch“

3.5.1 Aufgaben

Aufgabe 1:

Aufgabe:

Lies dir folgenden Text genau durch und betrachte das Diagramm (= Zeichnung). Ordne dann auf dem Plakat die Nährstoffe dem Fisch zu!

Nährstoffgehalt der Forelle:
Eine Forelle liefert nur sehr wenig Energie, da ihr Fett- und Kohlenhydratgehalt sehr gering ist. Sie ist ein wertvoller Lieferant von tierischem Eiweiß. Ebenso ist ihr Vitamin- und Mineralstoffgehalt sehr hoch.

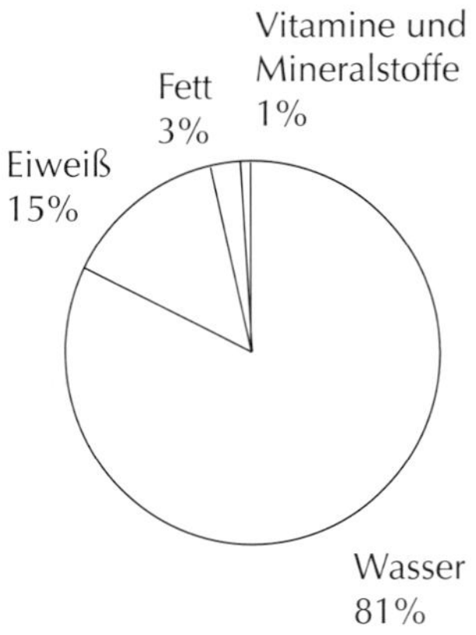

Medien:
- Plakat „Nährstoffgehalt“
- Wortkarten

Aufgabe 2:

Jod – ein wichtiger Mineralstoff!

Aufgabe:

1. Betrachte die Tabelle! Deckt eine Portion Seefisch oder eine Portion Süßwasserfisch den Tagesbedarf von Jod? Ergänze den Merksatz auf dem Arbeitsblatt unter Punkt 2.
2. Betrachte das Bild. Kannst du die Folge von Jodmangel erkennen?

Jodgehalt einiger Fischsorten (200-g-Portion)

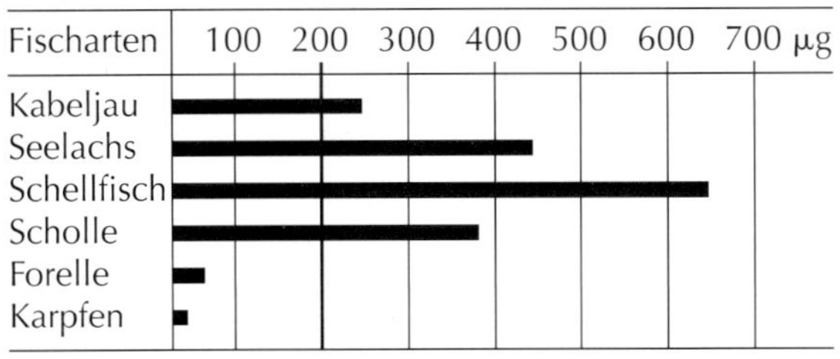

– Empfehlenswerte Höhe der täglichen Jodzufuhr: 200 µg für Erwachsene (DGE)

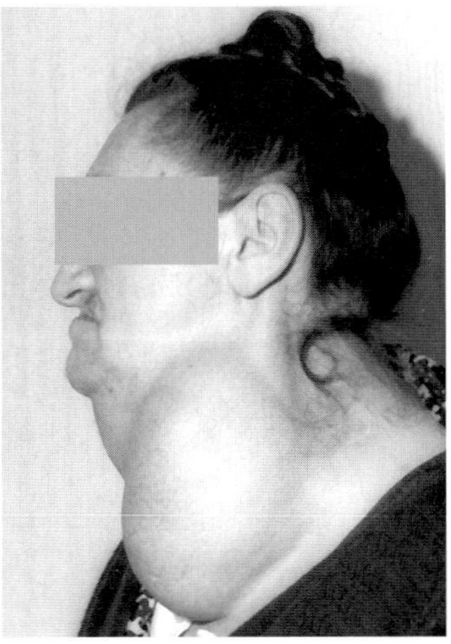

Medien:
- Arbeitsblatt

Aufgabe 3:

Süßwasserfische und Seefische

Aufgabe:

Betrachte die Abbildungen und trage auf dem Arbeitsblatt unter Punkt 3 zu jeder Fischart 3 Beispiele ein!

Medien:
- Bilder von Süßwasser- und Seefischen
- Arbeitsblatt

Aufgabe 4:

Vorbereitung von Fisch

Aufgabe:

Lies den Text durch und trage die Arbeitsschritte im Rezept bei der Zubereitung in das Arbeitsblatt ein.

DREI-S-Regel:

1. Fisch **säubern**: kurz unter fließendem, kaltem Wasser waschen. Fisch nie im Wasser liegen lassen, wertvolle Nährstoffe gehen sonst verloren.
2. Fisch mit Zitronensaft oder Essig **säuern**. Fisch etwa 10–15 Minuten stehen lassen. Das Fischfleisch wird weißer und fester.
3. Fisch erst unmittelbar vor dem Garen **salzen**. Salz entzieht dem Fischfleisch Wasser und damit wertvolle Nährstoffe.

Medien:
- Arbeitsblatt

Aufgabe 5:

Weißt du Bescheid?

Ordne die Dreiecke zu! Kontrolliere am Ende selbst. Die Lösung steckt im Umschlag!

Medien:
- Fischpuzzle
- Lösungsblatt

Aufgabe 6:

Verschiedene Möglichkeiten, einen Fisch zuzubereiten

Betrachte die Bilder und lies die Rezepte kurz durch. Welche anderen Möglichkeiten gibt es noch, einen Fisch zu garen?

Medien:
- Kochbücher mit Fischrezepten

Wortkarten für Aufgabe 1

Fett	**Vitamine**	**Energie**
Mineral-stoffe	**Eiweiß**	**Kohlen-hydrate**

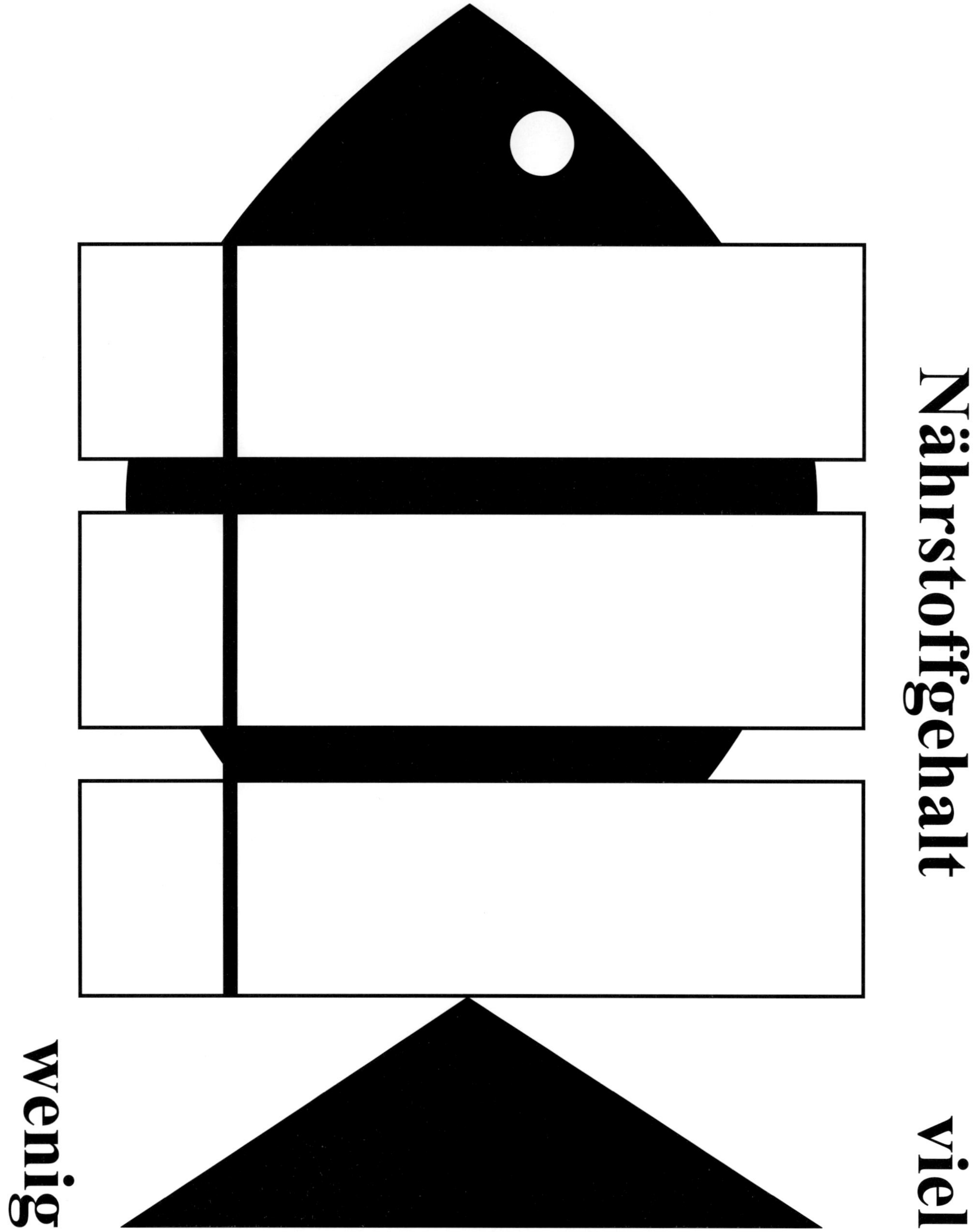
Nährstoffgehalt
viel
wenig

Fischpuzzle für Aufgabe 6

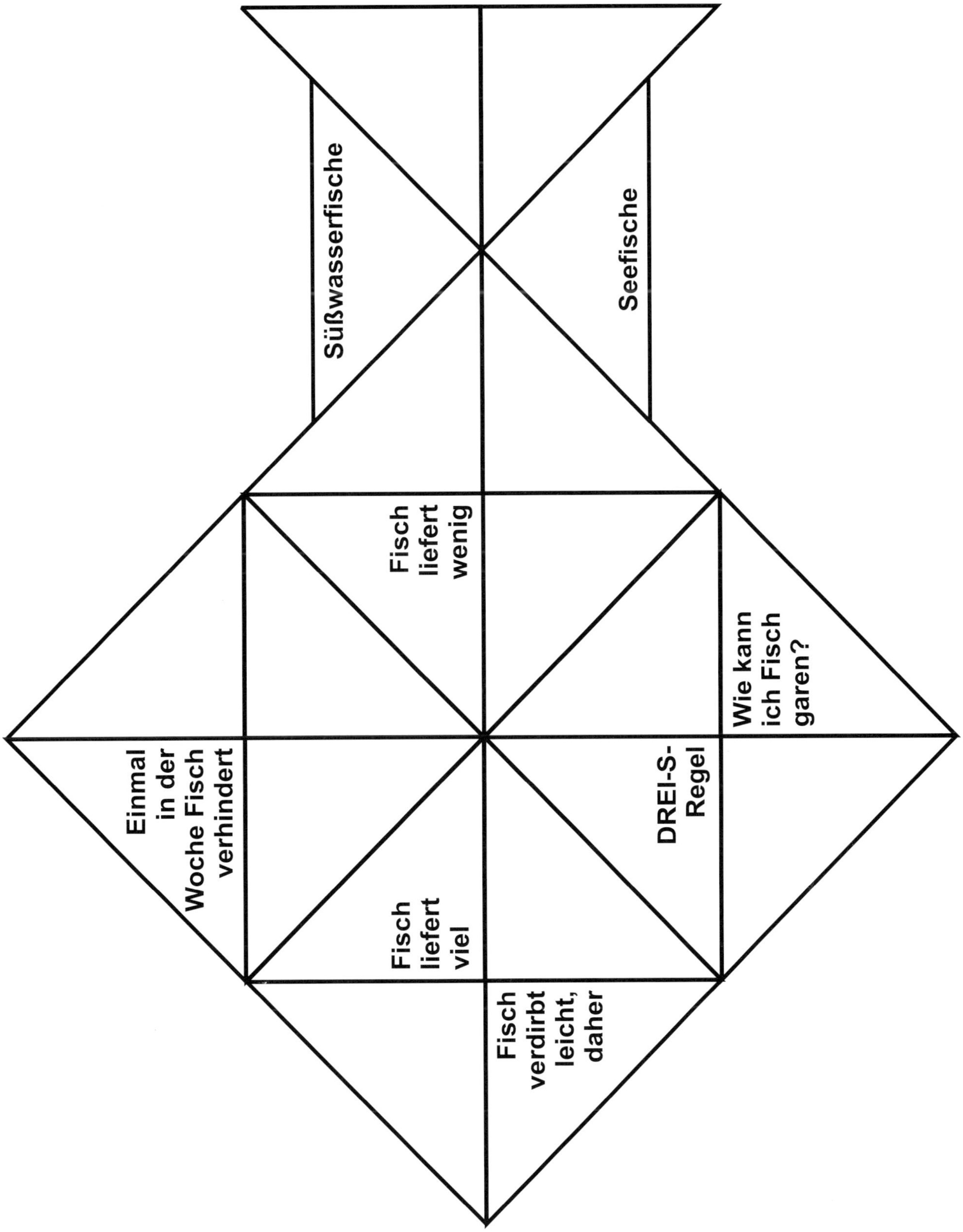

Fischpuzzle für Aufgabe 6 (Puzzle zuschneiden, die Wortkarten mit den fett gedruckten Wörtern aussortieren)

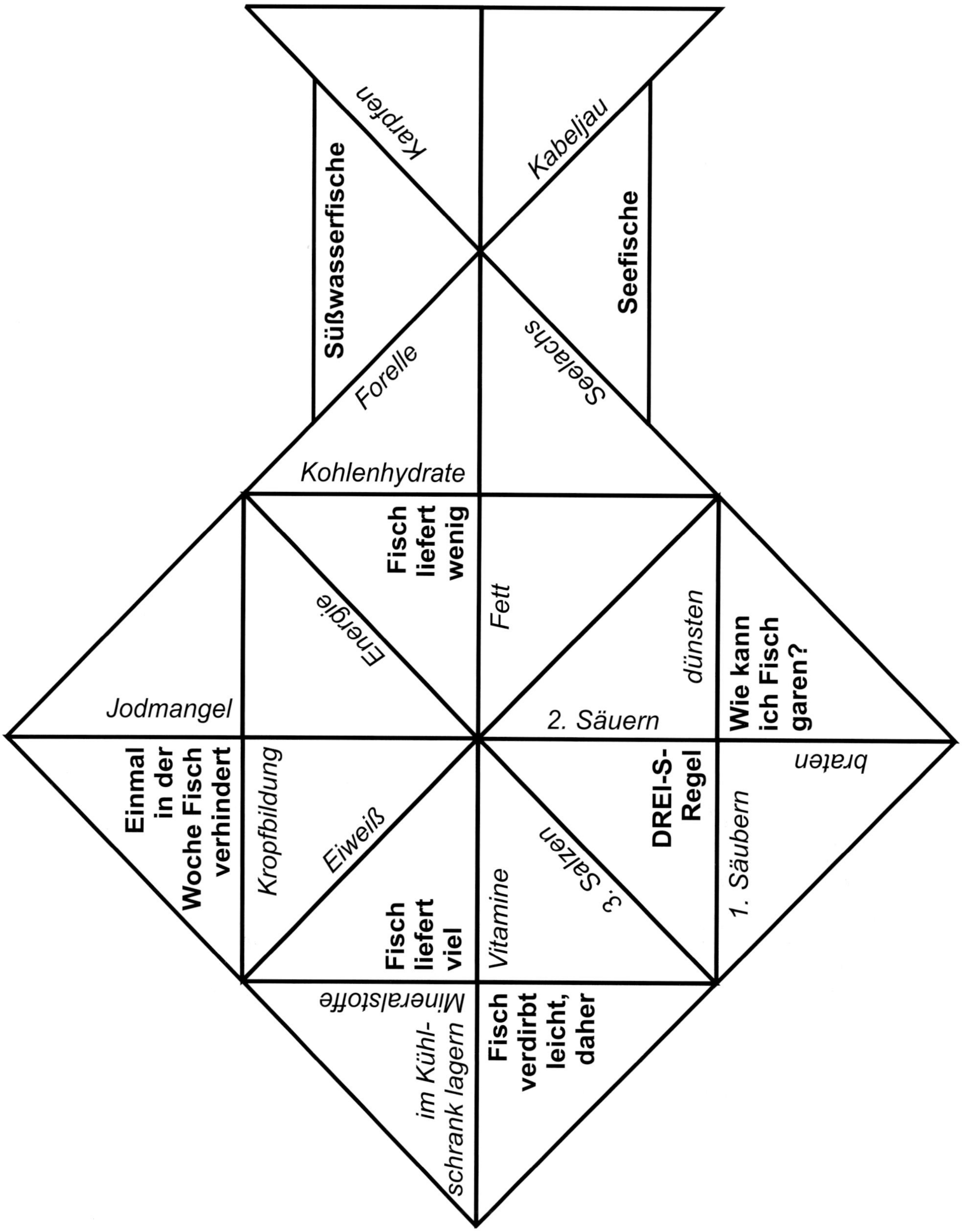

Name:	Klasse:	Datum:	Fach:	Nr:

Wir bewerten Fisch

1. **Forelle nach Müllerin Art** oder **Mandelforelle**

4 etwas 4 EL 20 g	Forellen Zitronensaft Salz, Mehl, Mandelplättchen, Öl, Butter Petersilie Butter Zitronenscheiben	*DREI-S-Regel:* 1. S säubern, 2. S säuern, 3. S alzen. Forellen in Mehl wenden, Mandelforelle zusätzlich in Mandelplättchen wenden. In Öl-Butter-Gemisch auf jeder Seite 4–5 Minuten backen. **Forelle nach Müllerin Art:** Petersilie in reichlich Butter dünsten, etwas Salz und Zitrone zugeben, über dem Fisch auf den Teller gießen. Mit Zitronenscheiben garnieren.
Beilage: Salzkartoffeln Blattsalate		

2. Nährstoffgehalt der Forelle

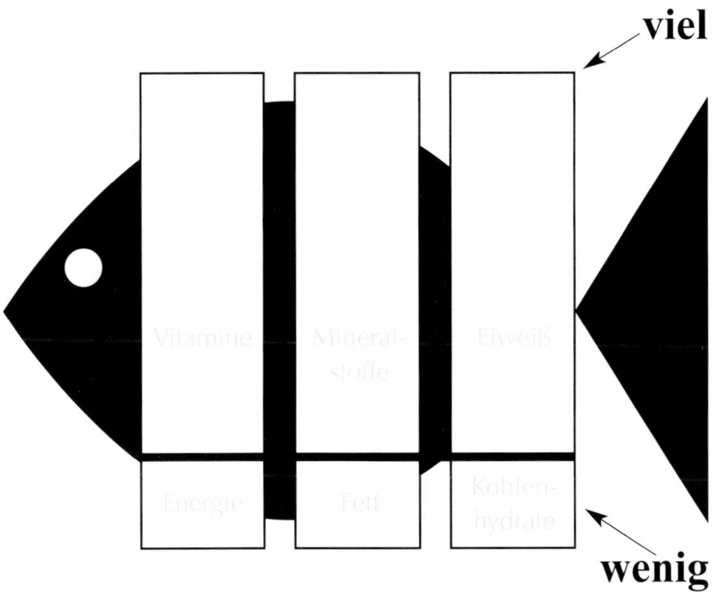

Merke:

Fisch ist ein sehr wertvolles und gesundes Lebensmittel.

Besonders Seefische ______
haben einen sehr hohen **Jodgehalt**!

Also lautet die Regel:

Iss 1× pro Woche Seefisch! ______

______

______

3. Süßwasserfische und Seefische

Süßwasserfische: Forelle, Karpfen, Aal, Hecht, Barsch, Zander, Schleie, Rotauge

Seefische: Heilbutt, Scholle, Rotbarsch, Seelachs, Hering, Makrele, Schellfisch

4. Blankovorlagen

–
–
–
–

–
–
–
–

–
–
–
–

–
–
–
–

–
–
–
–

–
–
–
–

Thema:

Lösung

Thema:

Lösung

Thema:

Lösung

Thema:

Lösung

5. Schlussgedanke

Das Erstellen von Arbeitsmaterialien für den offenen Unterricht ist für eine Fachlehrerin oder einen Fachlehrer allein kaum zu bewältigen – der Arbeitsaufwand ist sehr hoch und schließlich möchte man ja auch über ein gewisses Repertoire zu den einzelnen Lernbereichen verfügen.

Wir hoffen, dass unsere Kopiervorlagen Anregung und Hilfe sind. Ein letzter Tipp: Bilden Sie doch einen Arbeitskreis, wenn Sie weitere Unterrichtsmaterialien erstellen wollen. Sie können so Ihre tägliche Arbeitsbelastung deutlich verringern.

6. Literaturverzeichnis

Arbeitsgemeinschaft Hauswirtschaft (Hg.): Kochen in der Schulküche mit Grundrezepten. Grundwissen und Rezepte. Donauwörth 1995 (Auer Verlag)

Bosch, G.; Kapp-Telkemeyer, H.: Die Hauswirtschaft 4. Markt- und Verbraucherkunde. München 1981 (BLV Verlagsgesellschaft)

Braun, H. u. a.: Hauswirtschaft in der Schule. Schulpädagogische, fachdidaktische und pädagogische Grundlagen. Donauwörth 1992 (Auer Verlag)

Drescher, H.: Offene Lernformen im Hauswirtschaftsunterricht. Dillingen 1991 (Manuskript)

Hellinger, M.; Wöhl, H.: Blickpunkt Haushalt 7. Ein Hauswirtschaftsbuch für die Hauptschule in Bayern. 7. Jahrgangsstufe. München 1987 (R. Oldenbourg Verlag)

Hellinger, M.; Wöhl, H.: Blickpunkt Haushalt 8. Ein Hauswirtschaftsbuch für die Hauptschule in Bayern. 8. Jahrgangsstufe. München 1987 (R. Oldenbourg Verlag)

Hellinger, M.; Wöhl, H.: Blickpunkt Haushalt 9. Ein Hauswirtschaftsbuch für die Hauptschule in Bayern. 9. Jahrgangsstufe. München 1987 (R. Oldenbourg Verlag)

Knon, A.: Die praktische Hausfrau. Der Ratgeber für jeden ländlichen Haushalt. München 1990 (BLV Verlagsgesellschaft)

Roth, F.: Blickpunkt Vollwert-Ernährung. Theorie und Praxis für Schule und Beruf. Hamburg 1990 (Verlag Dr. Felix Büchner/Verlag Handwerk und Technik)

Schlieper, C. A.: Ernährung heute. Hamburg 1991 (Verlag Dr. Felix Büchner/Verlag Handwerk und Technik)

Schneider, G.; Vesper, W.; Witzel, A.: Grundstufe Ernährungswirtschaftliche Berufe. Nahrungsgewerbe Gastgewerbe Hauswirtschaft. Hannover 1980 (Hermann Schroedel Verlag)

Terhart, E.: Lehr-Lern-Methoden. Eine Einführung in Probleme der methodischen Organisation von Lehren und Lernen. Weinheim 1997 (Juventaverlag)

Troll, Ch. u. a.: Unterrichtssequenzen Hauswirtschaftlich-sozialer Bereich. 7. Jahrgangsstufe. Donauwörth 1997 (Auer Verlag)

Troll, Ch. u. a.: Unterrichtssequenzen Hauswirtschaftlich-sozialer Bereich. 8. Jahrgangsstufe. Donauwörth 1998 (Auer Verlag)

Troll, Ch. u. a.: Unterrichtssequenzen Hauswirtschaftlich-sozialer Bereich. 9./10. Jahrgangsstufe. Donauwörth 1999 (Auer Verlag)

Wagner, U.: Gut geplant ist halb gelungen. Lern- und Arbeitsbuch für den hauswirtschaftlichen Unterricht in der 7. Jahrgangsstufe. Hamburg 1986 (Verlag Dr. Felix Büchner/Verlag Handwerk und Technik)

Wagner, U.: Gut geplant ist halb gelungen. Lern- und Arbeitsbuch für den hauswirtschaftlichen Unterricht in der 8. Jahrgangsstufe. Hamburg 1987 (Verlag Dr. Felix Büchner/Verlag Handwerk und Technik)

Zechlin, R.: Werkbuch für Mädchen und für alle die Freude am Werken haben. Ravensburg 1962 (Otto Maier Verlag)

Zwerger, R.: Arbeitshilfen Textiles Gestalten (Manuskript)